LA GRAN NEGACIÓN

ROBERTO GROSSI

LA GRAN NEGACIÓN

la otra h

Título original: La grande rimozione
Traducción: Rosa Barbany Puig
Diseño de cubierta: Roberto Grossi/la otra h

ISBN: 978-84-16763-98-6

Imprenta: Gráficas 94
Depósito legal: B-1324-2025

Impreso en España - Printed in Spain

la otra h
www.laotrah.com

¿Pero no entiende la gente
que toda la naturaleza es una metáfora
de lo que se mueve en el corazón humano?

La fuente de la vida, Bergsveinn Birgisson

TUVE UN SUEÑO HACE UNAS NOCHES.
UN HOMBRE EN MEDIO DEL MAR.
LAS LUCES DE LOS RASCACIELOS A LO LEJOS.
EL AGUA CALMADA.
UN YATE.
EN MEDIO DEL MAR.
ES TODO LO QUE SIEMPRE HA DESEADO.

ENTONCES, APARECE DE REPENTE.
ENORME
VELOZ
EL TIBURÓN.
ESTE ES EL PUNTO DONDE TODOS GRITAN EN LAS PELÍCULAS.
TODOS GRITAN PORQUE DEBERÍAS GRITAR.
LO HACEN POR TI, PARA QUE REACCIONES.
EN PELÍCULAS...

SIN EMBARGO, EN EL SUEÑO EL HOMBRE VE LA ALETA.
Y SE DA LA VUELTA.
TRANQUILO
HACIA LAS LUCES.
LA ESCALERA DEL YATE ESTÁ A SOLO UN PASO.
PERO ÉL MIRA FIJAMENTE LAS LUCES.
FELIZ
ES TODO LO QUE SIEMPRE HA DESEADO.

1

APOCALIPSIS

EN MI SÓTANO HAY UNA CAJA.
ENTERRADA EN ALGUNA PARTE.
UN PAQUETE SELLADO.

LLENO DE RECUERDOS DE VACACIONES PASADAS.
MI MADRE.
MI PADRE.
MI HERMANO Y YO DE NIÑOS.

Y LAS MONTAÑAS.

LA NIEVE EN VERANO.
UNA MAGIA IMPOSIBLE PARA UN NIÑO.

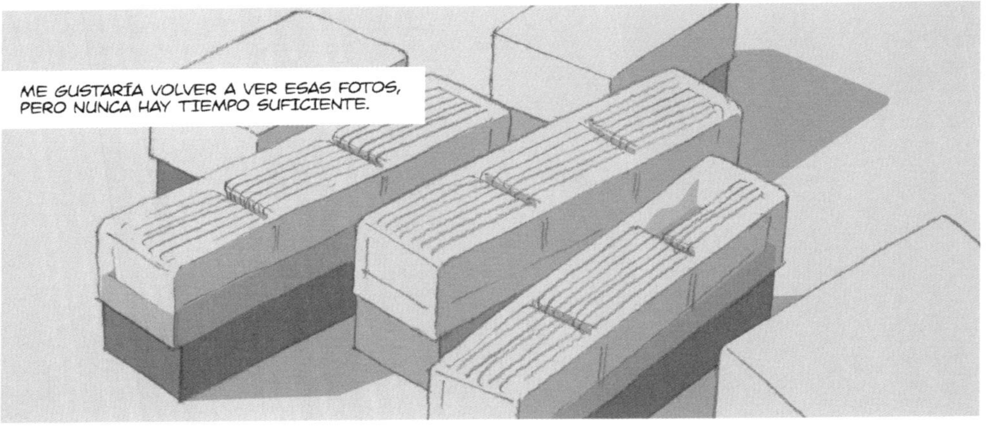
ME GUSTARÍA VOLVER A VER ESAS FOTOS, PERO NUNCA HAY TIEMPO SUFICIENTE.

DEBERÍAN ESTAR TAMBIÉN AQUELLAS DE UN GLACIAR ENORME.

SERÍA EL AÑO 1979. YO EN EL MER DE GLACE.
EL GLACIAR MÁS GRANDE DEL MONT BLANC.
TENÍA ONCE AÑOS.
DIVERTIDO
AMBOS DESAPARECIMOS.
PERMÍTANME UNA BROMA.
CULPA DEL «CRECIMIENTO».
PERO DEMOS UN PASO ATRÁS...

ES 1783.
JAMES WATT ESTÁ PERFECCIONANDO SU MÁQUINA DE VAPOR.
LA GIGANTESCA ERUPCIÓN DE UN VOLCÁN ISLANDÉS OSCURECE EL CIELO DE EUROPA.
COMO UNA ADVERTENCIA.

NUBES DE CENIZAS DURANTE MESES Y MESES. LAS TEMPERATURAS CAEN EN PICADA, AFECTANDO A LOS CULTIVOS INCLUSO EN SICILIA.

LA ESCASEZ RESULTANTE ES PROBABLEMENTE UNA DE LAS CAUSAS DE LA REVOLUCIÓN FRANCESA.

HABÍA BOLLOS DE POR MEDIO, SI NO ME EQUIVOCO.

STOP
AÑO 2020
«PASTEL»
LA PALABRA «PASTEL» SE MENCIONA DIEZ VECES MÁS QUE «CAMBIO CLIMÁTICO» EN LA TELEVISIÓN DEL REINO UNIDO.
¡FRESAS Y NATA! FANTÁSTICO, ¿VERDAD?

TODA NUESTRA HISTORIA RESIDE EN LOS DOSCIENTOS CUARENTA AÑOS QUE TRANSCURREN ENTRE ESTOS DOS POSTRES. DOS REVOLUCIONES GEMELAS: LA POLÍTICA Y LA INDUSTRIAL.
DOSCIENTOS CUARENTA AÑOS DE EXPLOTACIÓN DE ENERGÍAS FÓSILES Y TRANSFORMACIÓN DE LOS SUELOS.
DE CRECIMIENTO.
DOSCIENTOS CUARENTA AÑOS DE EMISIONES DE GASES DE EFECTO INVERNADERO A LA ATMÓSFERA, QUE ESTÁN ELEVANDO CATASTRÓFICAMENTE LAS TEMPERATURAS DEL PLANETA.

HABLEMOS DEL TIEMPO, ENTONCES.
ES MI TURNO DE ROMPER EL HIELO... ¡JA, JA, JA!
CADA VEZ HACE MÁS CALOR.
LOS EVENTOS METEOROLÓGICOS PARECEN CADA VEZ MÁS EXTREMOS.
¿CREE QUE EXISTE UN PELIGRO REAL, PROFESOR ZEK?
SMLXL
¿ESTÁ REALMENTE CAMBIANDO EL CLIMA?
MIRE.
HASTA HACE UNOS AÑOS SE HABLABA SIMPLEMENTE DEL EFECTO INVERNADERO.
SMLXL
ES DECIR, LA PROPIEDAD DE ALGUNOS GASES ATMOSFÉRICOS DE ATRAPAR LA RADIACIÓN INFRARROJA.
IMPIDIENDO LA DISPERSIÓN NATURAL DEL CALOR SOLAR EN EL ESPACIO.
SMLXL
PIENSE QUE SIN ESTE EFECTO LA TIERRA ESTARÍA UNOS 30 °C MÁS FRÍA.
EL CAMBIO CLIMÁTICO ES EL TÉRMINO MÁS TRANQUILIZADOR.
PARECE UN FENÓMENO NATURAL.
COMO DECIR QUE ME DUELE LA MUÑECA PORQUE ESTÁ CAMBIANDO EL CLIMA.

A MÍ LA ESPALDA, SABE. SIEMPRE ESTOY SENTADO.
NO ME HABLE DE ESO.
COMBUSTIBLES FÓSILES, DEFORESTACIÓN DE LA SELVA, AGRICULTURA Y GANADERÍA.
NUESTRAS EMISIONES ESTÁN CAMBIANDO LA COMPOSICIÓN DE LA ATMÓSFERA TERRESTRE.
ALTERNANDO EL SISTEMA NATURAL DE REGULACIÓN DE LAS TEMPERATURAS DEL PLANETA.
ADEMÁS EL CICLO DE CARBONO ES LA BASE DE LA VIDA.
EL CO_2 SE CONVIERTE EN MATERIA VIVA MEDIANTE LA FOTOSÍNTESIS, LIBERANDO OXÍGENO.
S.M.L.XL
SE CONVIERTE EN PLANTAS, ANIMALES, ECOSISTEMAS.
FINALMENTE REGRESA A LA ATMÓSFERA O A LOS OCÉANOS COMO CO_2.
S.M.L.XL
NO ES UN CONTAMINANTE CUALQUIERA.
ES LA SUSTANCIA MÁS IMPORTANTE DE LA BIOSFERA.
S.M.L.XL
Y NOSOTROS ESTAMOS ALTERANDO SU EQUILIBRIO.
S.M.L.XL

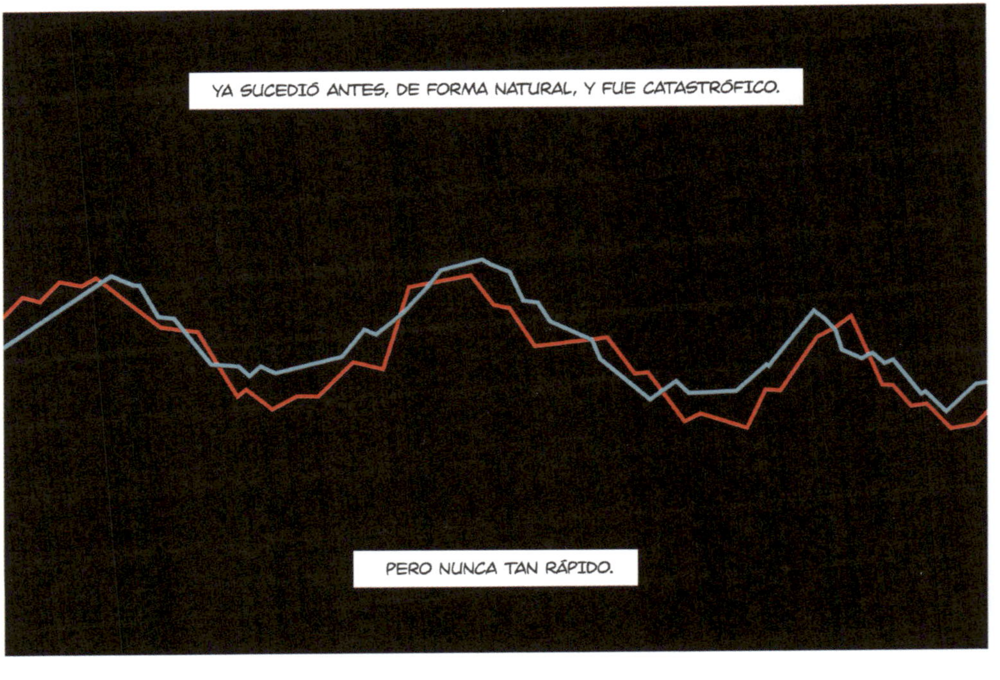
YA SUCEDIÓ ANTES, DE FORMA NATURAL, Y FUE CATASTRÓFICO.
PERO NUNCA TAN RÁPIDO.

SEGÚN EL INFORME IPCC DE 2021, DESDE 1850 HASTA HOY HEMOS EMITIDO DOS MIL CUATROCIENTOS TREINTA MIL MILLONES DE TONELADAS DE CO_2.
TODAS AÚN EN LA ATMÓSFERA.

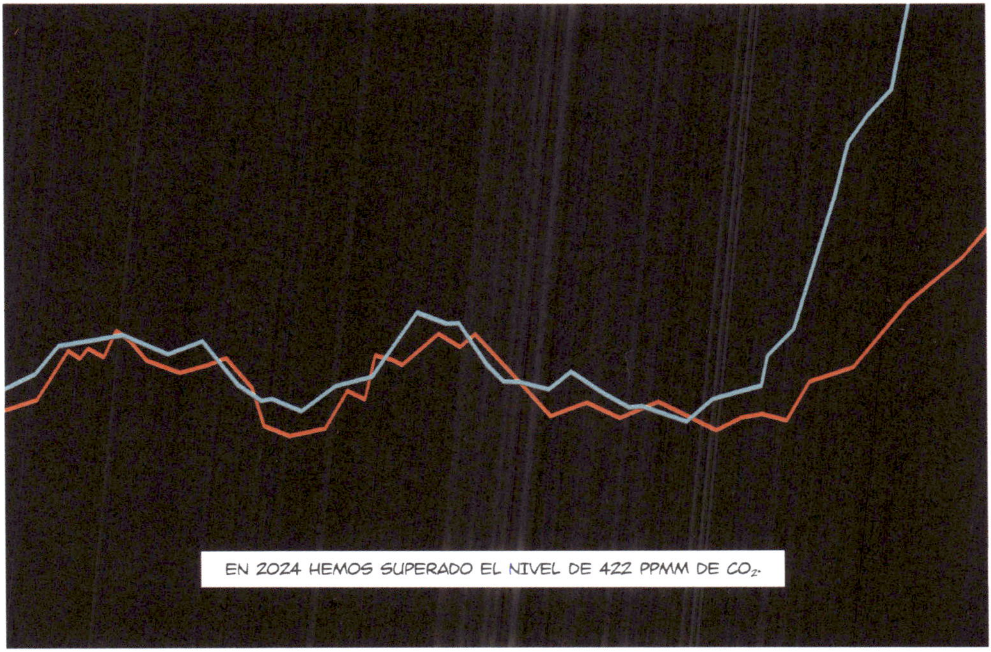
EN 2024 HEMOS SUPERADO EL NIVEL DE 422 PPMM DE CO_2.

ESTA CONCENTRACIÓN YA HA PROVOCADO UN AUMENTO MEDIO DE LA TEMPERATURA GLOBAL DE 1,2 °C DESDE EL INICIO DE LA ERA INDUSTRIAL.

SIN UN CAMBIO RADICAL EN NUESTRO SISTEMA DE EMISIONES PODRÍAMOS SUPERAR LOS 3 °C EN 2100.

TRES GRADOS EN DOSCIENTOS CINCUENTA AÑOS SE PUEDEN COMPARAR CON EL IMPACTO DE UN ASTEROIDE.

NOSOTROS SOMOS EL ASTEROIDE.

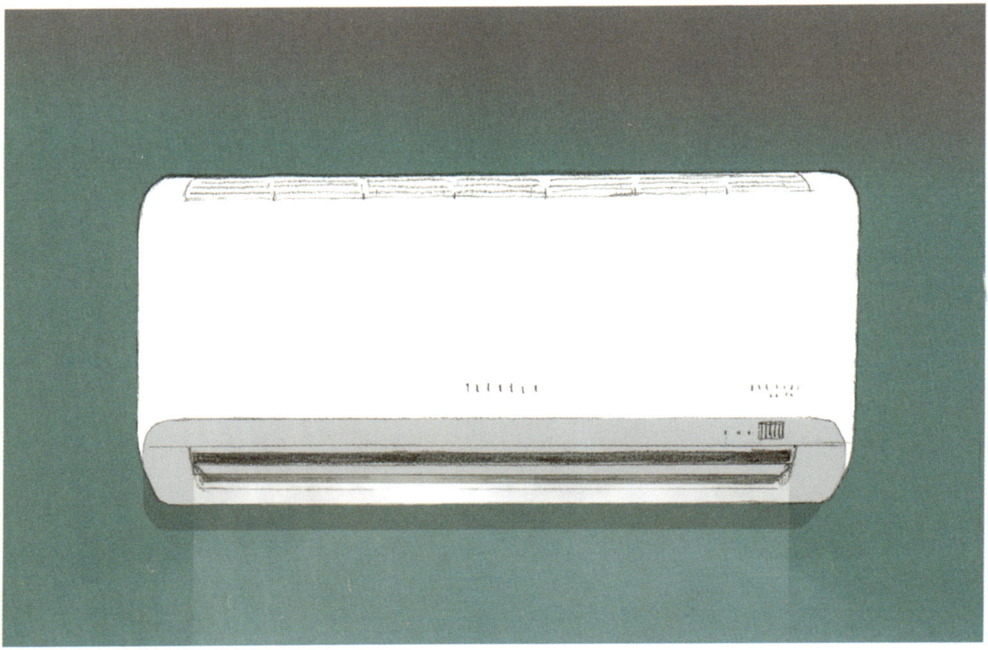

2

TERMODINÁMICA

QUIERO SER FRANCO.
SI ESTAMOS VIVOS, SE LO DEBEMOS A LAS DELICADAS INTERACCIONES ENTRE SISTEMAS NATURALES COMPLEJOS.
PODRÍAMOS HABER SIDO VENUS, CUYAS NUBES DE DIÓXIDO DE CARBONO Y ÁCIDO SULFÚRICO GENERAN UN EFECTO INVERNADERO DE 450 °C.

O MARTE, UNA VEZ RICO EN AGUA, PERO INCAPAZ DE RETENER SU ATMÓSFERA.

EN CAMBIO, SOMOS TODO ESTO.

¿NO DEBERÍA CONMOVERNOS?

TODO LO QUE NOS MANTIENE VIVOS ESTÁ CONTENIDO EN UN CAPARAZÓN DE UN RADIO DE 25 KM, PROBABLEMENTE MENOS DE LA DISTANCIA QUE RECORREMOS PARA IR AL TRABAJO.
UNA ESTRUCTURA DISIPATIVA, CAPAZ DE PROPAGAR EFICAZMENTE EL EXCESO DE ENERGÍA, UNA INTERFAZ BIOLÓGICA SITUADA ENTRE UN CUERPO CALIENTE Y UNO FRÍO.
LA BIOSFERA.

RELACIONES INSEPARABLES.
SISTEMAS COMPLEJOS EN ESTADO DE EQUILIBRIO.

PLACAS TECTÓNICAS EN MOVIMIENTO, CAPACES DE ERUPCIONAR ENORMES CANTIDADES DE DIÓXIDO DE CARBONO Y ROCAS CAPACES DE REABSORBERLO.

CASQUETES POLARES QUE DAN LUGAR A CORRIENTES GIGANTESCAS QUE RODEAN LOS OCÉANOS, REGULANDO EL CLIMA Y TRANSPORTANDO LOS NUTRIENTES EN LOS QUE SE BASA LA CADENA ALIMENTARIA MARINA.

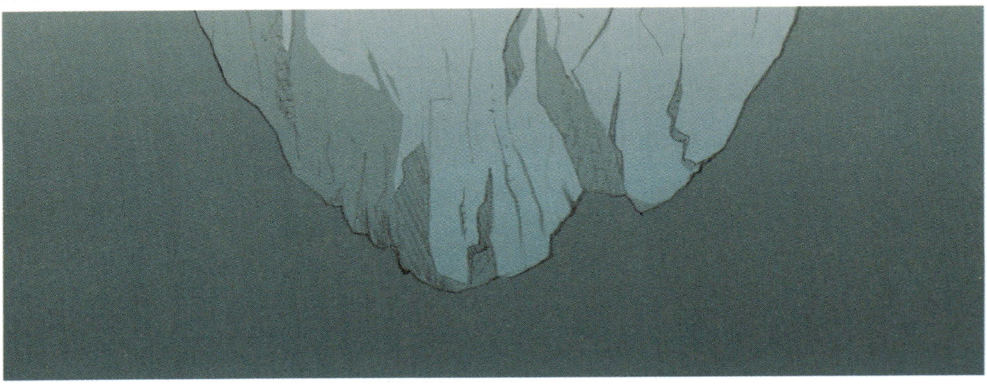

RÍOS DE VAPOR SE ELEVAN SOBRE LA SELVA TROPICAL MÁS GRANDE DEL PLANETA.

MICROORGANISMOS MARINOS, INVISIBLES A SIMPLE VISTA, QUE PRODUCEN LA MITAD DEL OXÍGENO ATMOSFÉRICO MEDIANTE LA FOTOSÍNTESIS.

PERO, CUANDO SE LOS SOMETE A UN ESTRÉS SEVERO, LOS SISTEMAS COLAPSAN.

SE VUELVEN CAÓTICOS.

HASTA QUE SE ESTABLEZCA UNA NUEVA CONDICIÓN DE EQUILIBRIO.

A MENUDO IRREVERSIBLE.

LA REDUCCIÓN DE LOS CASQUETES POLARES, LA DESACELERACIÓN DE LA CIRCULACIÓN ATLÁNTICA, EL RETROCESO DE LOS BOSQUES BOREALES Y AMAZÓNICOS, LA CRISIS DE LOS ARRECIFES DE CORAL.

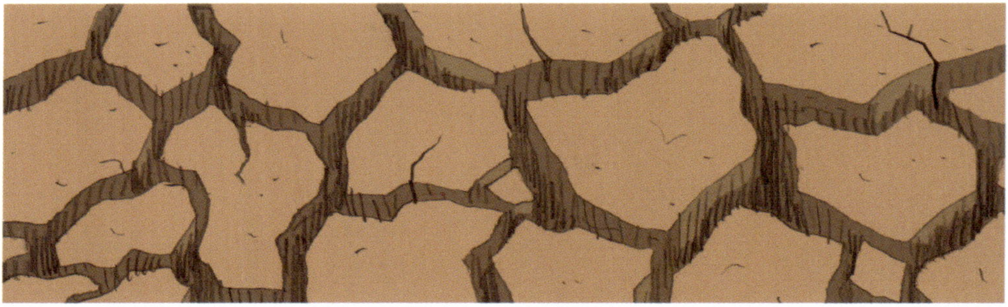

VARIOS SISTEMAS FUNDAMENTALES DEL PLANETA ESTÁN AHORA CERCA DE SUS PUNTOS DE NO RETORNO, GENERANDO EL RIESGO DE UN EFECTO DOMINÓ.

UN PUNTO DONDE LA BOLA SE DESLIZA INEXORABLEMENTE CUESTA ABAJO.

EN BUSCA DE UN NUEVO EQUILIBRIO.

DESDE EL CUAL NO ES POSIBLE VOLVER ATRÁS.

LOS GLACIARES DEL PLANETA, POR EJEMPLO.

SE ESTÁN REDUCIENDO A UN RITMO EXPONENCIAL DEBIDO AL CALENTAMIENTO GLOBAL. ALGUNOS SON MONITOREADOS POR ESTACIONES FIJAS QUE REGISTRAN SUS TRANSFORMACIONES.

CUANDO EL HIELO SE RETIRA, LA ROCA OSCURA PERMANECE EXPUESTA AL CALOR DEL SOL, DISMINUYENDO ASÍ EL EFECTO ALBEDO, QUE ES LA CAPACIDAD DE REFLEJAR LA RADIACIÓN LUMINOSA, POR LO QUE EL PROCESO SE ACELERA AÚN MÁS.

DESPLOMADOS COMO ANIMALES MORIBUNDOS, LOS GLACIARES SE CONSUMEN.

EL PANORAMA ESTÁ CAMBIANDO CADA VEZ MÁS RÁPIDO. TODO LO QUE QUEDA SON PÍXELES EN UNA TARJETA DE MEMORIA DIGITAL.

EL MER DE GLACE FIJADO EN MIS DIAPOSITIVAS YA NO EXISTE.

DESDE ENTONCES, PARA BAJAR AL HIELO HA SIDO NECESARIO CONSTRUIR UN TELEFÉRICO Y LUEGO UNA ESCALERA QUE SE AMPLÍA CADA AÑO.

LA PARTE FRONTAL DEL GLACIAR HA DESCENDIDO 190 METROS Y RETROCEDIDO 800 EN LOS ÚLTIMOS 35 AÑOS. LA FUSIÓN ES TAN RÁPIDA QUE AÑADIR NUEVOS PELDAÑOS ES LA ÚNICA MANERA DE ACCEDER.

SE LLAMA SOLASTALGIA.

ES LA IMPOSIBILIDAD DE RECONOCER UN LUGAR DONDE SE HA ESTADO DEBIDO A LOS CAMBIOS PROVOCADOS POR LA ACCIÓN HUMANA.

EL LUGAR TODAVÍA EXISTE, PERO YA NO ES RASTREABLE EN LA PROPIA EXPERIENCIA.

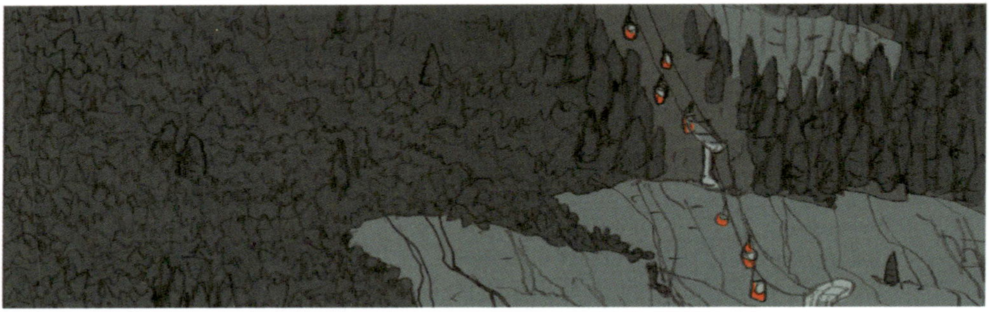

EN 2100, AL MENOS EL 80 % DE LOS GLACIARES ALPINOS Y EL 50 % DEL RESTO DE LOS GLACIARES DEL PLANETA HABRÁN DESAPARECIDO.

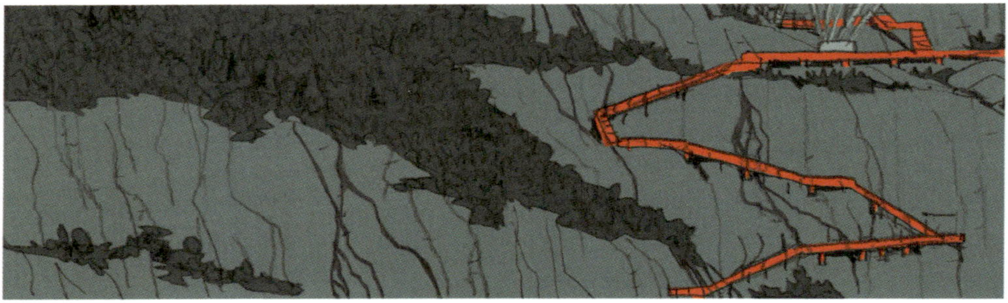

YA NO PODEMOS EVITARLO. LA PELOTA HA EMPEZADO A RODAR.

SOLO PODEMOS INTENTAR QUE NO CAIGA DEMASIADO LEJOS.

PERO NO ES SOLO UNA CUESTIÓN DE PAISAJE.

TODO ESTÁ CONECTADO.

GLACIARES

ATMÓSFERA

RECURSOS HÍDRICOS

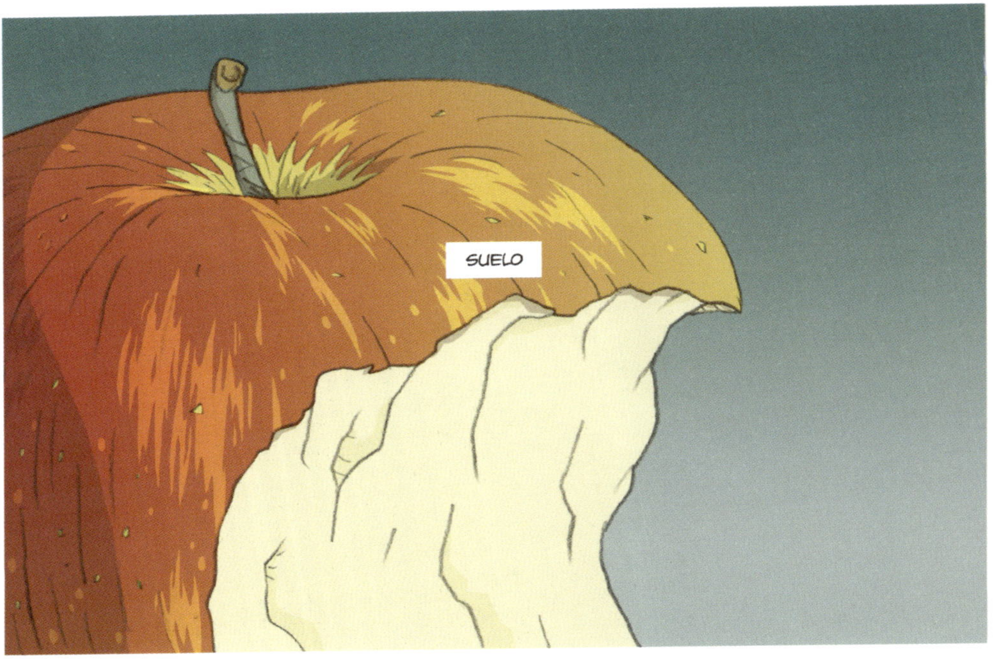
SUELO

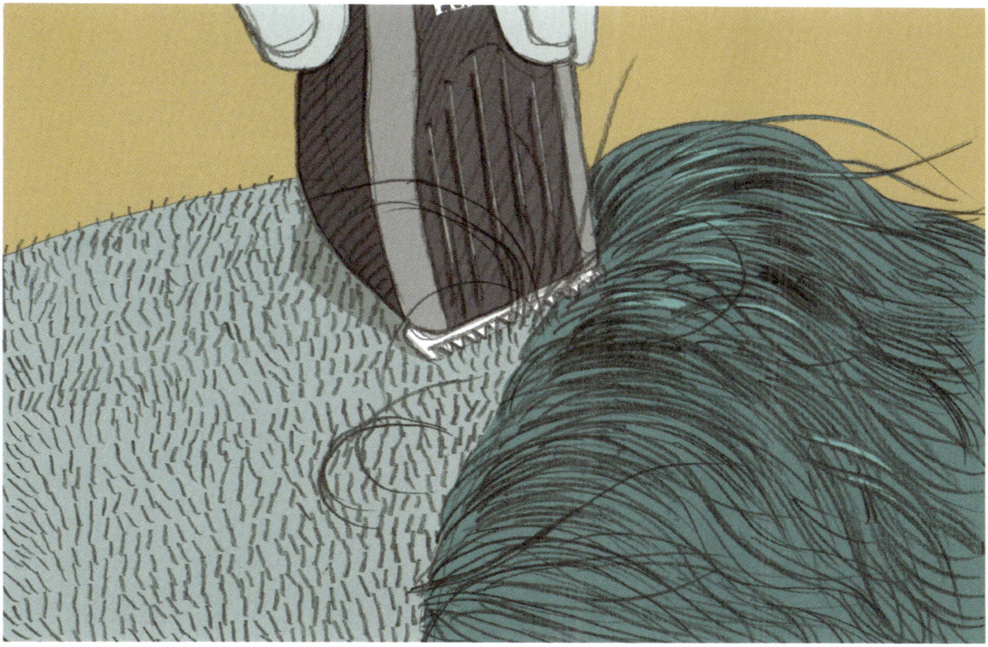

BOSQUES

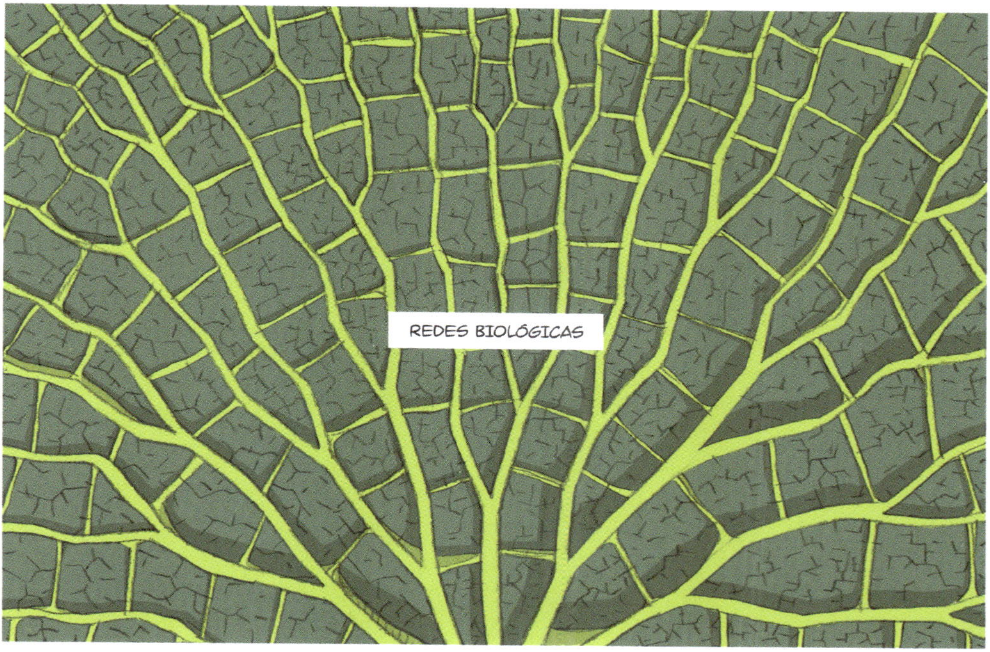
REDES BIOLÓGICAS

NOSOTROS
¿ALGUIEN CREE QUE PUEDE TENER ALGÚN TIPO DE CONTROL SOBRE TODO ESTO?

¿DE VERDAD?

BUENO, SE LLAMA DISTORSIÓN COGNITIVA.
CUANDO UN JUGADOR DE CARTAS CREE RECONOCER UN PATRÓN GANADOR EN UNA SECUENCIA ALEATORIA, SOBREESTIMA SUS POSIBILIDADES DE ÉXITO.
NOS ESTAMOS ENGAÑANDO A NOSOTROS MISMOS AL CREER QUE TENEMOS CONTROL SOBRE ACONTECIMIENTOS CON CONSECUENCIAS IMPREDECIBLES.
LE ESTAMOS DANDO LA ESPALDA AL TIBURÓN.
¿DE VERDAD? ¿ES ASÍ, PROFESOR?

IMAGINA QUE ERES UNA MOLÉCULA DE AGUA DE MAR CALENTADA POR EL SOL EN MÉXICO.
VIAJAS RÁPIDO A NORUEGA Y LUEGO A LAS REGIONES POLARES.
S M L XL
AQUÍ, EN CONTACTO CON LAS DURAS TEMPERATURAS ÁRTICAS,
TE ENFRÍAS Y TE HUNDES.
ABAJO, EN LA FRÍA OSCURIDAD DE LAS PROFUNDIDADES DEL MAR.
ACABAS EN UN INMENSO RÍO ABISAL.
LENTAMENTE, TE ARRASTRA HACIA EL SUR.
HASTA LA ANTÁRTIDA Y LUEGO DE NUEVO AL NORTE, A LOS OCÉANOS ÍNDICO Y PACÍFICO.
DONDE LAS TEMPERATURAS MÁS ALTAS TE EMPUJAN HACIA LA SUPERFICIE EN UNA GRAN CORRIENTE.
HACIA EL SUR DE MÉXICO.
HAS VUELTO.
HAN PASADO MIL AÑOS.

BUENO, ¡ESTO SÍ QUE ES UN CRUCERO!
ES UN MECANISMO SIMPLE.
EL NOMBRE CIENTÍFICO ES CIRCULACIÓN TERMOHALINA.
ES SOLO CUESTIÓN DE SAL Y CALOR.
PERO ES ESENCIAL PARA QUE LOS OCÉANOS PUEDAN SUSTENTAR LA VIDA.
LA CONTINUA MEZCLA DE LAS AGUAS INFLUYE EN EL CLIMA.
Y ASEGURA LA CORRECTA REGULACIÓN DEL CALOR Y LOS NUTRIENTES.
POR ESTE MOTIVO, ESTA CIRCULACIÓN SE ESTÁ DESACELERANDO Y CORRE EL RIESGO DE DETENERSE.
EN EL PASADO TAMBIÉN LO HIZO DURANTE MILES DE AÑOS.
TENEMOS UNA PERCEPCIÓN MUY LIMITADA DE LOS RIESGOS QUE ESTAMOS ASUMIENDO.
SÍ, PERO USTEDES LOS CIENTÍFICOS SIEMPRE EXAGERAN, VAMOS.
ESCUCHEMOS TAMBIÉN OTRAS OPINIONES.

LA TECNOLOGÍA NOS SALVARÁ...
¡DESPIERTA! ¡TODO ES MENTIRA PARA AHOGARNOS CON MÁS IMPUESTOS!
NO SUCEDERÁ.
TAL VEZ ES ALGO QUE AÚN NO SE HA INVENTADO.
TOP
ESTO REALMENTE NO PUEDE SUCEDER.
ASÍ SE DAÑA A LOS TRABAJADORES.
SON CICLOS NATURALES...
SE PUEDE IR A LA PLAYA EN NOVIEMBRE, ¡GUAU!
¿HA VISTO, PROFESOR? HAY MUCHOS PUNTOS DE VISTA Y NINGUNO ES TAN PESIMISTA.

MIRE, POR DESGRACIA, NUESTRO ENFOQUE SE VE AFECTADO POR UNA VISIÓN PARCIAL DE LOS PROBLEMAS.
TOMEMOS EL CASO DE LAS BALLENAS FRANCAS DEL ATLÁNTICO NORTE.
Protección de ballenas
¿POR QUÉ ESTÁN DISMINUYENDO DE NUEVO?
¿POR QUÉ ESTÁN AUMENTANDO LAS COLISIONES CON LOS BARCOS?
Tráfico marítimo
¿SE HAN TRASLADADO A ZONAS DE MUCHO TRÁFICO DEBIDO A LA ALTA TEMPERATURA DEL MAR?
Calentamiento de los océanos
¿O DEBIDO A LA PESCA INDISCRIMINADA DE LOS CRUSTÁCEOS DE LOS CUALES SE ALIMENTAN?
Pesca excesiva
¿LA CONTAMINACIÓN ESTÁ REDUCIENDO SU FERTILIDAD?
Contaminación por microplásticos
LA NATURALEZA NO ESTÁ HECHA DE CAJAS.
~~Protección de ballenas~~
Extinción de ballenas
Y NO HAY SOLUCIONES SIN PONER EN TELA DE JUICIO TODO EL SISTEMA.
SML
SI LA SITUACIÓN FUERA GRAVE, ALGUIEN NOS DETENDRÍA, ¿VERDAD?

3
BIOSFERA

NO SOMOS BUENOS RECORDANDO EL PASADO.
NOSOTROS LOS HUMANOS.
NOS ACOSTUMBRAMOS A LA RUINA. ES NUESTRA NATURALEZA.
COMO CUANDO MIRAMOS UNA FOTO DE HACE MUCHOS AÑOS.
ROSTROS TERSOS. RASGOS INFANTILES. COMPLETAMENTE OLVIDADOS.
NO RECONOCEMOS LOS CAMBIOS PROGRESIVOS.
EN NUESTROS CUERPOS, EN NUESTRAS RELACIONES, EN EL ENTORNO.
HASTA QUE ES DEMASIADO TARDE.

HE TARDADO CUARENTA AÑOS EN DARME CUENTA
DE UN DETALLE.
24
CUANDO IBA CON MIS PADRES A LOS GLACIARES QUE AHORA ESTÁN DESAPARECIENDO, ERA NECESARIO HACER PARADAS.

RECUERDO A MI PADRE EN UN DESCAMPADO.
CONCENTRADO EN LIMPIAR EL CRISTAL DEL COCHE.

IMPACTOS VIOLENTOS, REPUGNANTES.
INSECTOS

YA NO SUCEDE.

LOS PARABRISAS DE SUS COCHES ESTÁN LIMPIOS.
EN ALEMANIA, LA CANTIDAD DE INSECTOS
CAPTURADOS
EN BOTELLAS LLENAS DE ETANOL
SE HA REDUCIDO UN 80 % EN TREINTA AÑOS.
EN GRAN BRETAÑA,
EL NÚMERO DE INSECTOS VOLADORES HA DISMINUIDO
CASI UN 60 % DESDE 2004.
SEGÚN LOS AUTORES DEL INFORME,
EL DESCENSO
ES ATERRADOR.

EL AUMENTO DE LAS TEMPERATURAS Y LOS PESTICIDAS NEONICOTINOIDES PROVOCAN EL COLAPSO DE LAS POBLACIONES.

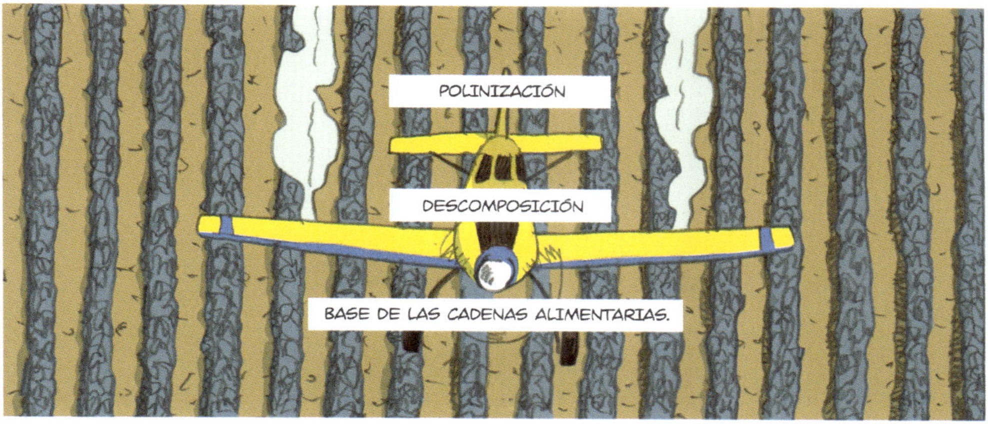
POLINIZACIÓN
DESCOMPOSICIÓN
BASE DE LAS CADENAS ALIMENTARIAS.

LA VIDA EN LA TIERRA DEPENDE DE ELLAS.

CUANDO UN ANIMAL O UNA PLANTA TODAVÍA ESTÁ PRESENTE EN EL ECOSISTEMA, PERO EN CANTIDADES EN LAS QUE YA NO PUEDE INFLUIR EN SU EQUILIBRIO, HABLAMOS DE EXTINCIÓN FUNCIONAL.

CUANTAS MÁS INTERACCIONES DESAPARECEN, MÁS CAÓTICO SE VUELVE UN ECOSISTEMA.

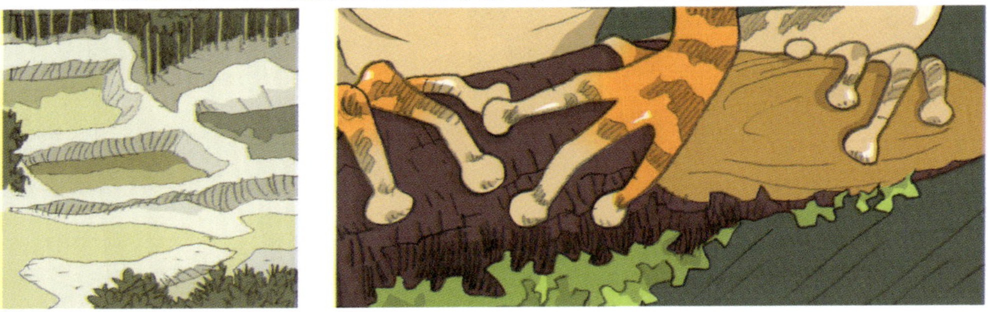

DESDE 1970 HASTA HOY, LAS POBLACIONES DE VERTEBRADOS HAN DISMINUIDO UN 60 %.
UN MILLÓN DE ESPECIES ANIMALES Y VEGETALES ESTÁN EN PELIGRO DE EXTINCIÓN.
DOS TERCIOS DE LAS AVES DEL MUNDO SON POLLOS.
EL 96 % DE LA BIOMASA DE MAMÍFEROS DEL PLANETA SON HUMANOS
O ANIMALES CRIADOS POR HUMANOS: VACAS, CERDOS, CABRAS, OVEJAS.

LAS CRÓNICAS PREINDUSTRIALES DESCRIBEN ESCENAS QUE HOY SON IMPENSABLES.
BANDADAS DE PÁJAROS TAN GRANDES QUE TARDABAN TRES DÍAS EN SOBREVOLAR UNA REGIÓN.
MANADAS DE BISONTES HASTA DONDE ALCANZABA LA VISTA EN LAS PRADERAS AMERICANAS.
LOS BARCOS ATRAVESABAN MANADAS DE CACHALOTES DESDE EL MEDIODÍA HASTA EL ANOCHECER.

EL 97 % DE LOS ATUNES AUSTRALES YA NO EXISTE.
HEMOS PERDIDO EL VALOR DE LA ABUNDANCIA.

PERO NO NOS DAMOS CUENTA. CADA GENERACIÓN ENCUENTRA NORMAL SU NIVEL DE RUINA.
SE LLAMA «EXTINCIÓN DE LA EXPERIENCIA».
DALLAS

LA VELOCIDAD DE EXTINCIÓN DE GÉNEROS ENTEROS DE VERTEBRADOS HA AUMENTADO 35 VECES DURANTE LOS ÚLTIMOS QUINIENTOS AÑOS DEBIDO A LAS ACTIVIDADES HUMANAS, Y CONTINÚA ACRECENTÁNDOSE.

LA MISMA CANTIDAD DE ESPECIES QUE SE HABRÍA PERDIDO EN DIECIOCHO MIL AÑOS.
ESTAMOS CAMBIANDO EL CURSO NATURAL DE LA EVOLUCIÓN.

PERO TAMBIÉN FORMAMOS PARTE DEL ÁRBOL DE LA VIDA. LA BIODIVERSIDAD ES ESENCIAL PARA NUESTRA SUPERVIVENCIA.
ES IMPOSIBLE PREDECIR CUÁL DE ESTAS PÉRDIDAS TENDRÁ UN MAYOR IMPACTO EN NUESTRA ESPECIE.
CUÁL ES EL ÚLTIMO LADRILLO QUE SE QUITARÁ SIN QUE SE DERRUMBE TODO EL MURO.
CON CONSECUENCIAS IRREVERSIBLES TAMBIÉN PARA LA ESTABILIDAD DE NUESTRA CIVILIZACIÓN.
¿QUIÉN PUEDE DECIRLO?
SIGAMOS ADELANTE.
TING!

SOLO LA SELVA AMAZÓNICA ABSORBE EL 16 % DEL CO_2 ATMOSFÉRICO.

POR SU CUENCA PASA UNA QUINTA PARTE DE TODA EL AGUA DULCE DEL PLANETA.

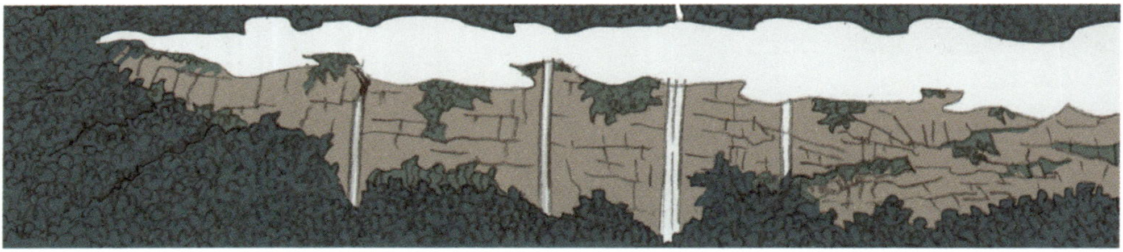

SUS «RÍOS VOLADORES», ENORMES FLUJOS DE AIRE HÚMEDO, ACTÚAN COMO UN GIGANTESCO REGULADOR DEL CLIMA.

LOS BOSQUES SE TALAN Y QUEMAN PARA PLANTAR CULTIVOS INTENSIVOS DESTINADOS A LA ALIMENTACIÓN DE LOS ANIMALES DE GRANJA.

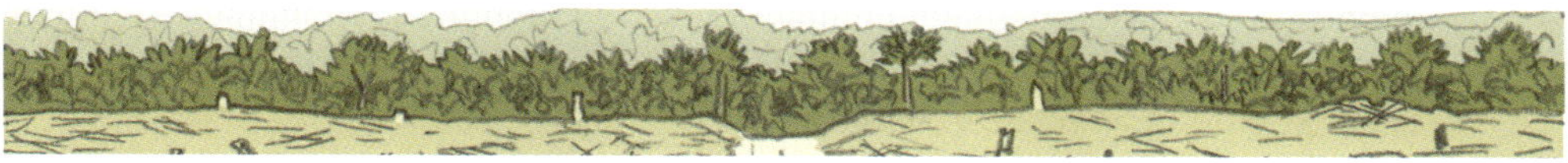

LA REDUCCIÓN DE LA SUPERFICIE FORESTAL HACE QUE EL CLIMA SEA MÁS SECO Y ACELERE EL PROCESO.

EL BOSQUE ESTÁ RETROCEDIENDO HACIA UNA SABANA Y ESTÁ A PUNTO DE CONVERTIRSE ÉL MISMO EN UNA FUENTE DE EMISIONES DE CARBONO.

LAS COMPLEJAS REDES ALIMENTARIAS NO PUEDEN SOSTENERSE POR SÍ MISMAS DEBIDO A LA CONTINUA SUSTRACCIÓN DE BIOMASA QUE LLEVAMOS A CABO.

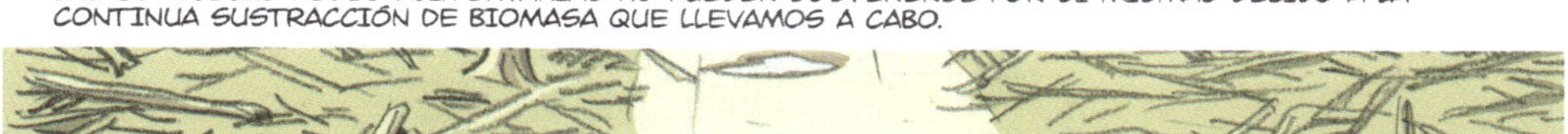

UN MUNDO CON MENOS BIODIVERSIDAD TAMBIÉN SE CORRESPONDE CON UN MAYOR RIESGO DE TRANSMISIÓN DE ENFERMEDADES INFECCIOSAS ENTRE ESPECIES.
LA DEFORESTACIÓN ESTÁ ELIMINANDO EL ACOPLAMIENTO ENTRE AMBIENTES.
Y LOS CAMBIOS CLIMÁTICOS ESTÁN OBLIGANDO A MUCHOS ANIMALES A DESPLAZARSE EN BUSCA DE CONDICIONES AMBIENTALES IDEALES.
ESPECIES QUE NUNCA ANTES HABÍAN COEXISTIDO ENTRAN EN CONTACTO, MULTIPLICANDO LAS POSIBILIDADES DE INTERCAMBIOS INFECCIOSOS DE VIRUS QUE LUEGO PUEDEN PASAR A LOS HUMANOS.

SIDA, ÉBOLA Y COVID SON ALGUNOS DE LOS VIRUS QUE SE HAN TRANSMITIDO DE ANIMAL A HOMBRE EN LOS ÚLTIMOS AÑOS COMO CONSECUENCIA DE LA REDUCCIÓN DE LAS SELVAS TROPICALES.

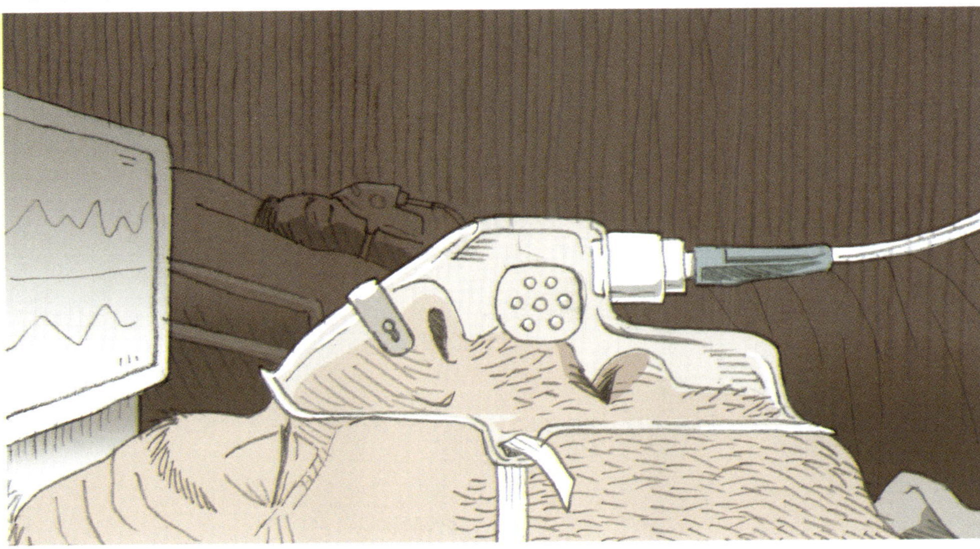

A LA SEXTA EXTINCIÓN MASIVA, EL NATURALISTA EDWARD O. WILSON LE HA DADO UN NOMBRE.

EREMOCENO, LA ERA DE LA SOLEDAD.

LOS SERES HUMANOS ESTARÁN RODEADOS ÚNICAMENTE DE ESPECIES CRIADAS O CULTIVADAS PARA SU PROPIA SUPERVIVENCIA.

SDENG!
KLANG!

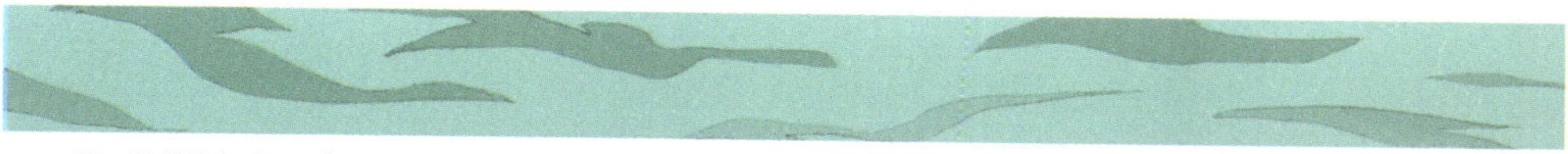

EL CAMBIO CLIMÁTICO, LAS PANDEMIAS Y LA SEXTA EXTINCIÓN MASIVA SON PARTES ENTRELAZADAS DE UN MISMO GIGANTESCO PROBLEMA.

NOS ACERCAMOS A UN COLAPSO AMBIENTAL SISTÉMICO. EL MOMENTO EN QUE LA CRISIS DE UNO O MÁS SISTEMAS ARRASTRA CONSIGO A TODOS LOS DEMÁS.

4
DESIGUALDADES

NOSOTROS SOMOS EL ASTEROIDE.

EL TÉRMINO ANTROPOCENO INDICA LA FUERZA MODIFICADORA DE LAS ACTIVIDADES HUMANAS, CAPAZ DE TRANSFORMAR AL PLANETA COMO UNA FUERZA GEOLÓGICA.

PERO USAR EL TÉRMINO COLECTIVO ES ENGAÑOSO, PORQUE LA DIVISIÓN DE LAS RESPONSABILIDADES ESTÁ LEJOS DE SER HOMOGÉNEA.

PARA CONTENER EL CALENTAMIENTO GLOBAL DENTRO DE LOS LÍMITES COMPATIBLES CON EL MANTENIMIENTO DE NUESTRA CIVILIZACIÓN DEBERÍAMOS REDUCIR NUESTRAS EMISIONES MEDIAS DE GASES DE EFECTO INVERNADERO A DOS TONELADAS DE CO_2 POR PERSONA AL AÑO.

EL 50 % MÁS POBRE DE LA POBLACIÓN MUNDIAL YA TIENE UN NIVEL DE EMISIONES QUE SE ENCUENTRA POR DEBAJO DE ESTE UMBRAL Y CONTRIBUYE MUY POCO A NIVEL GLOBAL, APENAS EL 7 % DEL TOTAL.
EL 10 % MÁS RICO ES RESPONSABLE DE LA MITAD DE TODAS LAS EMISIONES ACTUALES.
EL 1 % MÁS RICO EMITE TANTO COMO EL 66 % MÁS POBRE. LAS EMISIONES PER CÁPITA DE ESTA ÉLITE SUPERAN EN MÁS DE TRES VECES EL NIVEL ESTABLECIDO Y SIGUEN AUMENTANDO.
NOSOTROS ¿QUIÉNES?

AH, SÍ, LAS LUCES.
EL CAPITALISMO Y SU CUENTO DE LIBERTAD.
SEGÚN MARK FISHER, INCORPORAR EN SÍ LOS DESEOS INTRODUCIDOS POR LOS MOVIMIENTOS QUE LO CRITICABAN FUE SU MOVIMIENTO GANADOR.
EL «QUEREMOS TODO», GRITADO PARA DESAFIAR UN SISTEMA INJUSTO, SE HA CONVERTIDO EN UNA NÉMESIS ATROZ QUE TRANSFORMA A CADA SER HUMANO EN UN CONSUMIDOR DESEOSO DE CONVERTIRSE EN MILLONARIO.
TODOS ESTAMOS IMPULSADOS A PRODUCIR Y CONSUMIR DE MANERA INSENSATA EN BENEFICIO EXCLUSIVO DE UNA ÍNFIMA MINORÍA, ESPERANDO UN ACONTECIMIENTO QUE NUNCA SE PRODUCIRÁ.

PARA PRECIPITARNOS EN ESTE ABISMO DE EXALTACIÓN Y FRUSTRACIÓN NOS AYUDA LA HOMEOSTASIS, LA ACTITUD CON LA QUE NUESTRO CUERPO REGULA LOS NIVELES DE LAS SUSTANCIAS QUÍMICAS DEL ORGANISMO PARA MANTENERSE EN CONDICIONES DE EQUILIBRIO.
TEMPERATURA, PRESIÓN, NUTRICIÓN.
ESTÍMULO, DESEO, SATISFACCIÓN, RECUPERACIÓN, ESTÍMULO, DESEO, SATISFACCIÓN, RECUPERACIÓN.
UN BUCLE INFINITO. UNA CINTA DE CORRER EMOCIONAL. PERFECTO PARA LAS COMPRAS COMPULSIVAS.
I CAN'T GET NO.
¡NO, NO, NO!
GRACIOSO
LA FELICIDAD TAMBIÉN ES UN EQUILIBRIO ENTRE SISTEMAS COMPLEJOS.
PERO VOLVAMOS A LOS PLANETARIOS.

LA CRISIS SE ESTÁ DESARROLLANDO UNA VEZ MÁS SIGUIENDO RUTAS COLONIALES. LÍNEAS DE DESIGUALDAD.

LOS CAPITALES CON LOS QUE SE FINANCIÓ LA REVOLUCIÓN INDUSTRIAL INGLESA PROVENÍAN DEL SAQUEO DE LA INDIA.

ENTRE 1765 Y 1938, EL IMPERIO BRITÁNICO ROBÓ DE SU COLONIA UNA RIQUEZA ESTIMADA EN 45 BILLONES DE DÓLARES. TAMBIÉN IMPUSO LA COMPRA DE PRODUCTOS MANUFACTURADOS INGLESES, PROVOCANDO EL COLAPSO DE LA FLORECIENTE ARTESANÍA LOCAL.

HOY EN DÍA, LA SEPARACIÓN ESPACIAL ENTRE PRODUCCIÓN Y CONSUMO, PROVOCADA POR LA GLOBALIZACIÓN, HA ASESTADO EL GOLPE FINAL A LOS ECOSISTEMAS.

LA ABUNDANCIA DE PRODUCTOS EN LOS ESTANTES DE LOS SUPERMERCADOS DE LOS PAÍSES RICOS SE TRADUCE EN LA DEVASTACIÓN DE LA BIODIVERSIDAD DE LOS PAÍSES POBRES. LAS ÚLTIMAS QUEDARON INTACTAS.

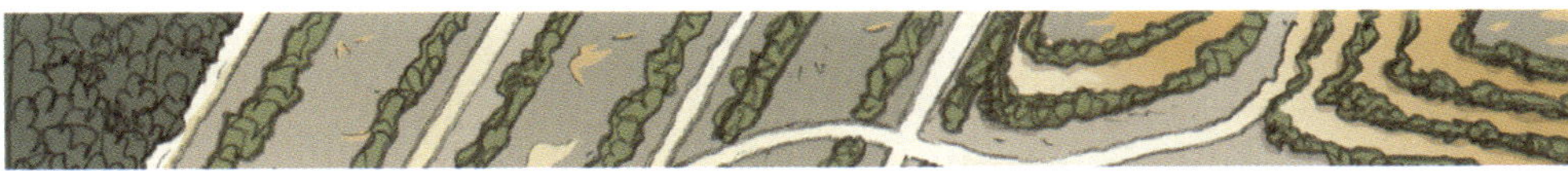

Y PERMITE UNA FÁCIL FALSIFICACIÓN. LA PRODUCCIÓN DE BAJO COSTE SE SUBCONTRATA, DEDUCIENDO DEL PRESUPUESTO LAS EMISIONES DE PRODUCCIÓN Y TRANSPORTE.

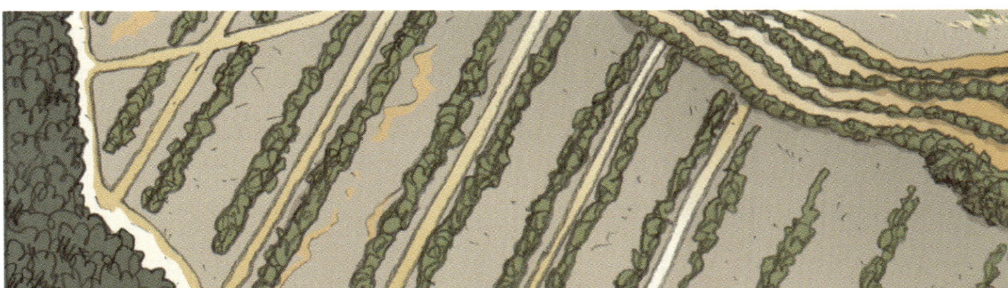

LOS ECOSISTEMAS DEL PLANETA NO PUEDEN SOSTENER UNA BÚSQUEDA TAN FRENÉTICA DE UN CRECIMIENTO INFINITO.

TAMPOCO PUEDEN SOPORTAR EL PESO DE INMENSAS RIQUEZAS ACUMULADAS. PORQUE CUALQUIER CAPITAL PRODUCE CONSUMO E IMPACTOS PROPORCIONALES A SU TAMAÑO.

CUANTO MÁS SE ASCIENDE EN LA PIRÁMIDE DE INGRESOS, MÁS INAPELABLE ES LA COMPARACIÓN.

EN 2019, LAS EMISIONES DE GASES DE EFECTO INVERNADERO DEL 0,1 % MÁS RICO DE LA POBLACIÓN ESTADOUNIDENSE, ALCANZARON UN PROMEDIO DE 955 TONELADAS DE CO_2 PER CÁPITA. 597 VECES MÁS QUE EL VALOR DE UN HOGAR PROMEDIO EN UN PAÍS DE BAJOS INGRESOS.

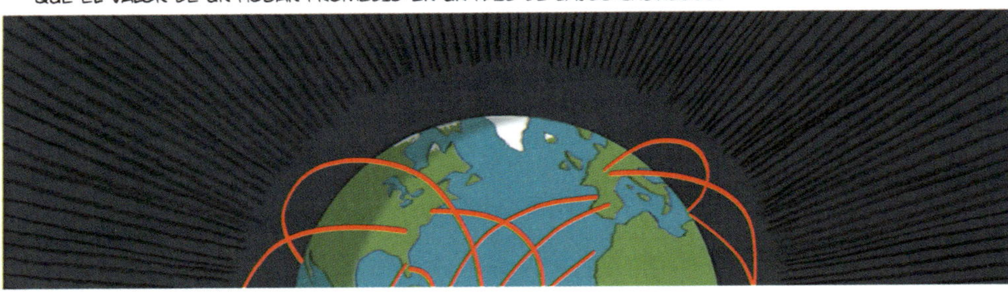

EL JET PRIVADO DE LIONEL MESSI PRODUJO DURANTE EL VERANO DE 2022 LA CANTIDAD DE CO_2 EMITIDA POR UN FRANCÉS MEDIO EN 150 AÑOS.

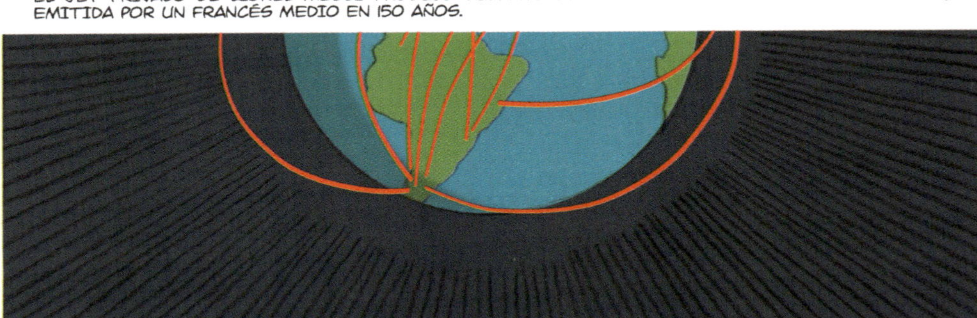

PAKISTÁN ES RESPONSABLE DE MENOS DEL 1 % DE LAS EMISIONES MUNDIALES DE GASES DE EFECTO INVERNADERO, PERO OCUPA EL OCTAVO LUGAR ENTRE LOS PAÍSES MÁS AMENAZADOS POR FENÓMENOS CLIMÁTICOS EXTREMOS.

HAY FENÓMENOS QUE GENERAN DIFERENTES IMPACTOS DEPENDIENDO DE LAS DESIGUALDADES ECONÓMICAS.

QUIENES TIENEN LOS MEDIOS SE PREPARAN PARA LA CATÁSTROFE, DEJANDO A LOS DEMÁS A SU SUERTE.

VOLVAMOS A USTED, PROFESOR.
¿PERO ESTO NO PONE EN RIESGO NUESTRA LIBERTAD?
MIRE, ¿QUÉ ES LA LIBERTAD?
NO ES «EL VUELO DEL MOSCARDÓN», COMO DECÍA LA FAMOSA CANCIÓN.
NI SIQUIERA HOY SE PODRÍA REPRODUCIR EL VUELO DE UN COHETE PRIVADO.
QUIZÁS NADA TIENE QUE VER CON LA INICIATIVA PRIVADA.
SI REALMENTE QUEREMOS SOBREVIVIR.
LO SIENTO, NO LE SIGO.

MIRE, UN SISTEMA AVANZANDO RÁPIDAMENTE HACIA EL COLAPSO
DEBERÍA RECONSIDERAR TODO, PARTIENDO DESDE EL PUNTO EN EL QUE SE TOMÓ LA DIRECCIÓN EQUIVOCADA.
LE DARÉ UN EJEMPLO.
SI ESTUVIÉRAMOS EN UNA BARCA A LA DERIVA.
EN MEDIO DEL OCÉANO.
CON ESCASAS RESERVAS DE ALIMENTO Y AGUA.
DEBERÍAMOS REVISAR LA ESCALA DE NUESTRAS NECESIDADES, ¿NO CREE?
¿COOPERACIÓN, RACIONAMIENTO Y AYUDA MUTUA?
¿O MASACRE TOTAL POR EL ACAPARAMIENTO DE RECURSOS RESIDUALES HASTA EL CANIBALISMO?
POR SUERTE NO ESTAMOS EN UN BARCO A LA DERIVA...

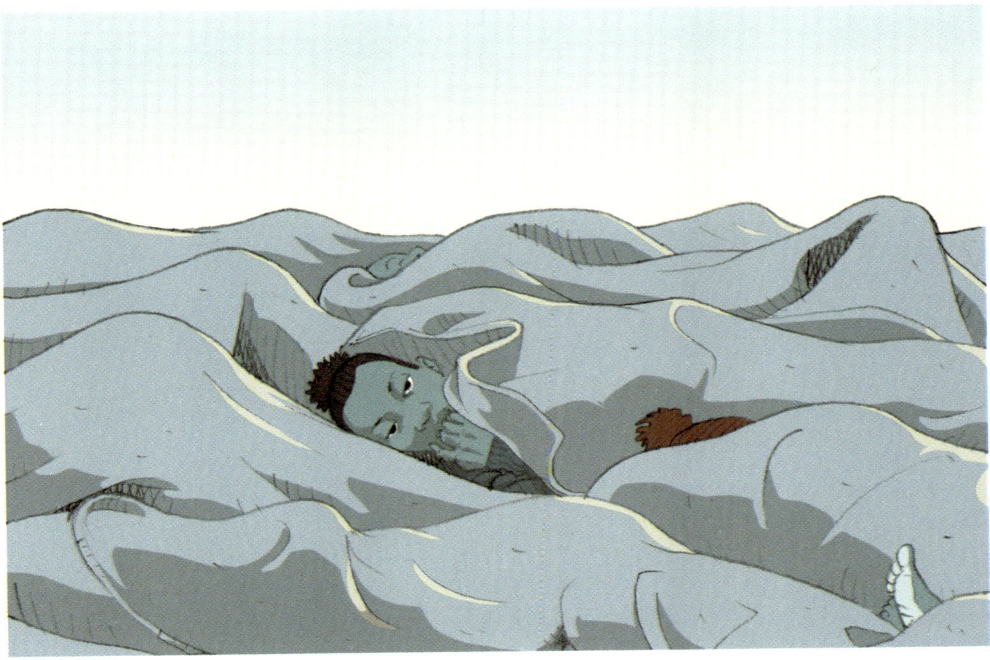

13:12

NASA

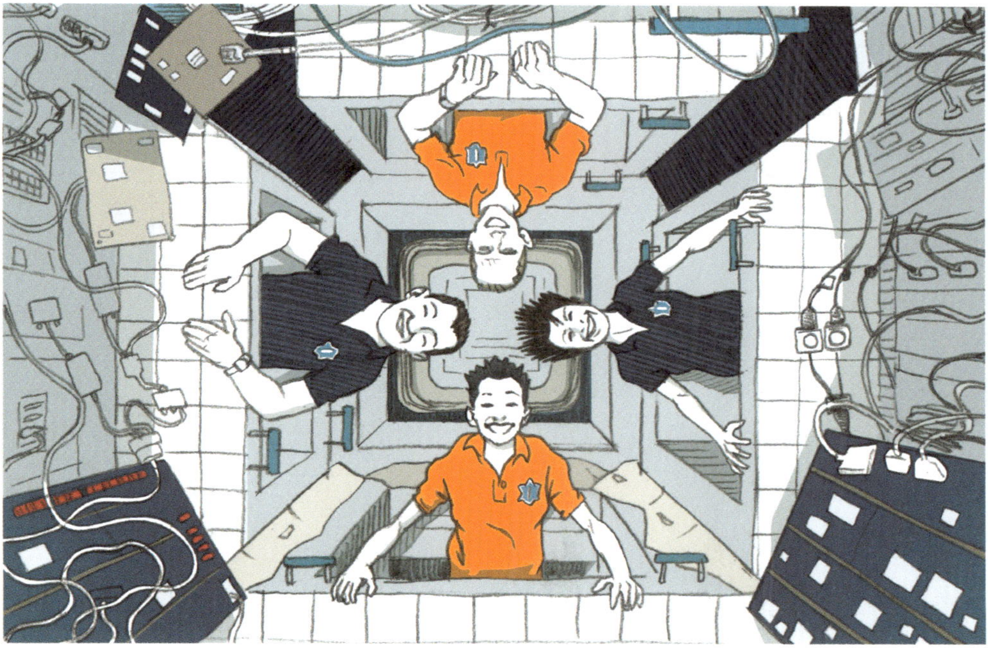

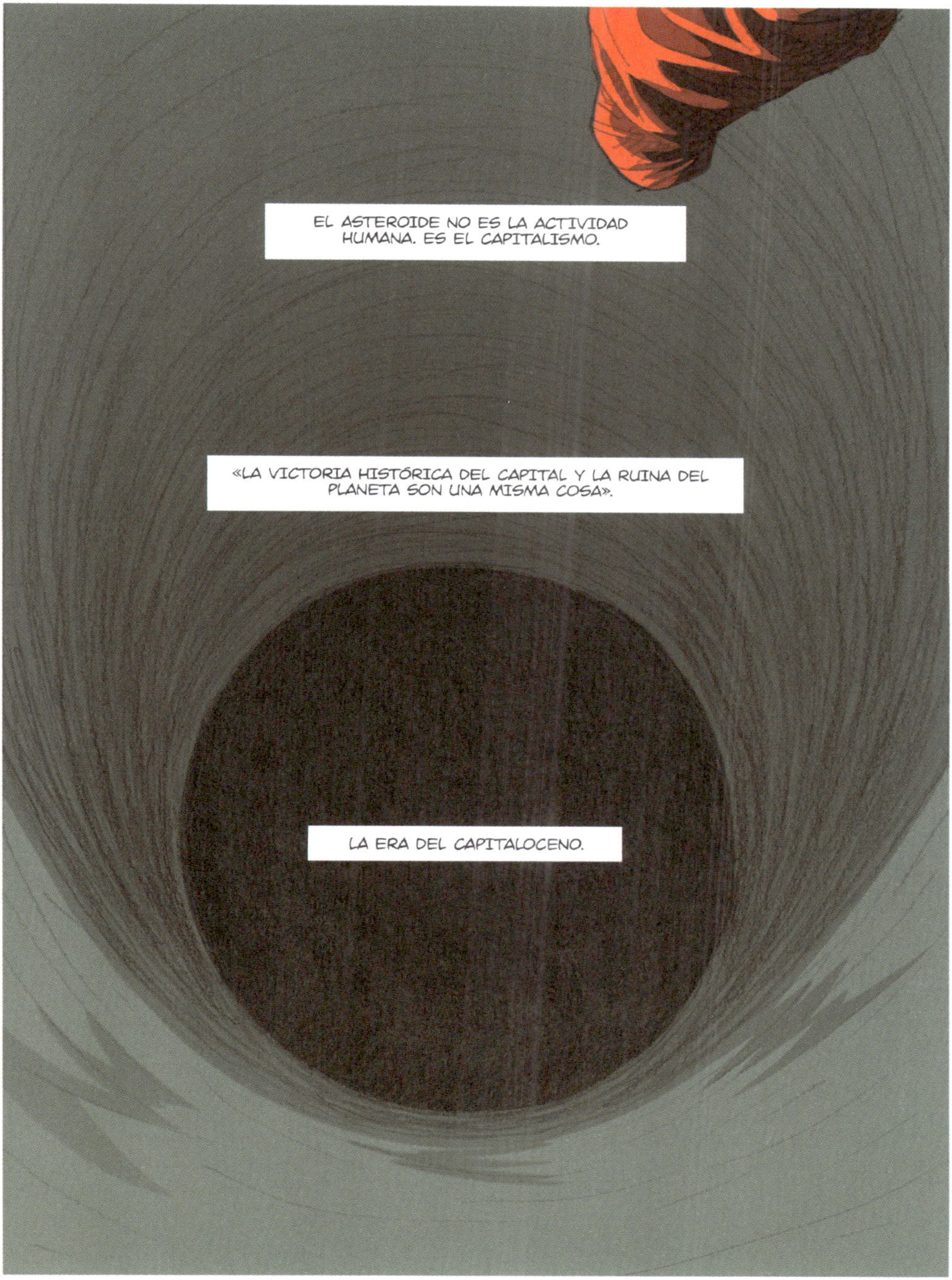
EL ASTEROIDE NO ES LA ACTIVIDAD HUMANA. ES EL CAPITALISMO.
«LA VICTORIA HISTÓRICA DEL CAPITAL Y LA RUINA DEL PLANETA SON UNA MISMA COSA».
LA ERA DEL CAPITALOCENO.

5

GUERRA

CRECIMOS CON EL PENSAMIENTO DEL APOCALIPSIS.
LA HABITACIÓN DE LOS BOTONES.
EL MALETÍN ATÓMICO LISTO EN CUALQUIER MOMENTO.
EL APOCALIPSIS ES UNA CONDICIÓN ESTRUCTURAL.

PERO NO TAN ATERRADOR.
BASTABA PENSAR QUE NO IBA A SUCEDER.
QUE ALGUIEN SIEMPRE SE HABRÍA DETENIDO PRIMERO.

CONCENTRARSE EN EL PRESENTE.
PENSAR SOLO EN LOS PRÓXIMOS CINCO MINUTOS.
QUIZÁS ES EL MOTIVO POR EL CUAL HEMOS DEJADO DE PLANIFICAR EL FUTURO, QUIÉN SABE.

TUVIMOS UN PEQUEÑO ANTICIPO.
DE APOCALIPSIS.
UN ACCIDENTE BANAL.
UNA NUBE, COMO LA DE ISLANDIA EN 1783.
INVISIBLE
RADIACTIVA
MI MADRE YA ESTABA ENFERMA.
POR ESO,
YA NO NOS ACOMPAÑABA A LA MONTAÑA,
POR ESO...

ROSA LUXEMBURGO YA SUBRAYÓ EN 1913 EL MECANISMO EXPANSIVO DE LA ACUMULACIÓN CAPITALISTA.
EL VÍNCULO INSEPARABLE ENTRE CAPITALISMO E IMPERIALISMO.

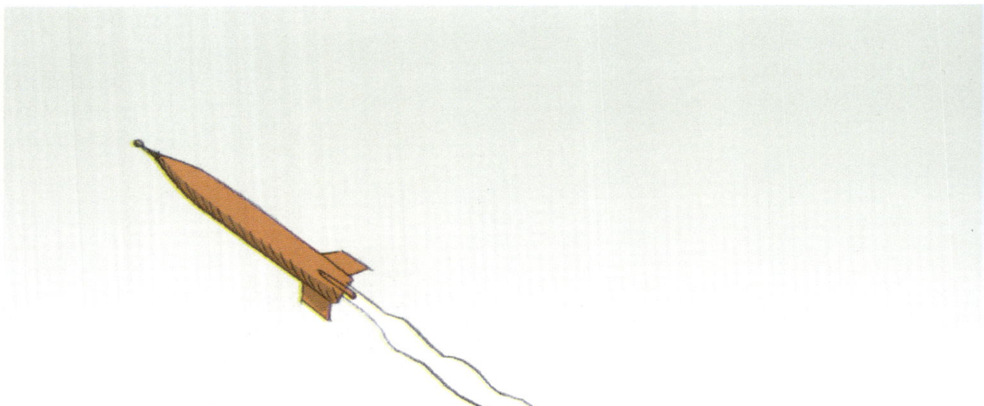

INCLUSO HOY EL MUNDO SIGUE ARMÁNDOSE CON LA MISMA VELOCIDAD CRECIENTE CON LA QUE CONSUME LOS RECURSOS DEL PLANETA.

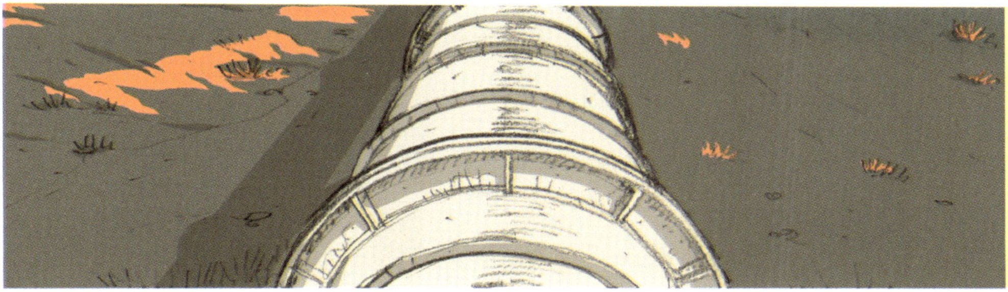

EL NÚMERO DE CONFLICTOS BÉLICOS ES EL MÁS ALTO DESDE LA SEGUNDA GUERRA MUNDIAL.

LOS GASTOS MILITARES MUNDIALES NUNCA HAN SIDO TAN ALTOS.

ASÍ COMO LOS BENEFICIOS DE LA INDUSTRIA ARMAMENTÍSTICA.

PERO HAY ALGO QUE UNE EN PARTICULAR LA GUERRA Y LA CRISIS CLIMÁTICA.

LA TOTAL FALTA DE ASUNCIÓN DE RESPONSABILIDAD.

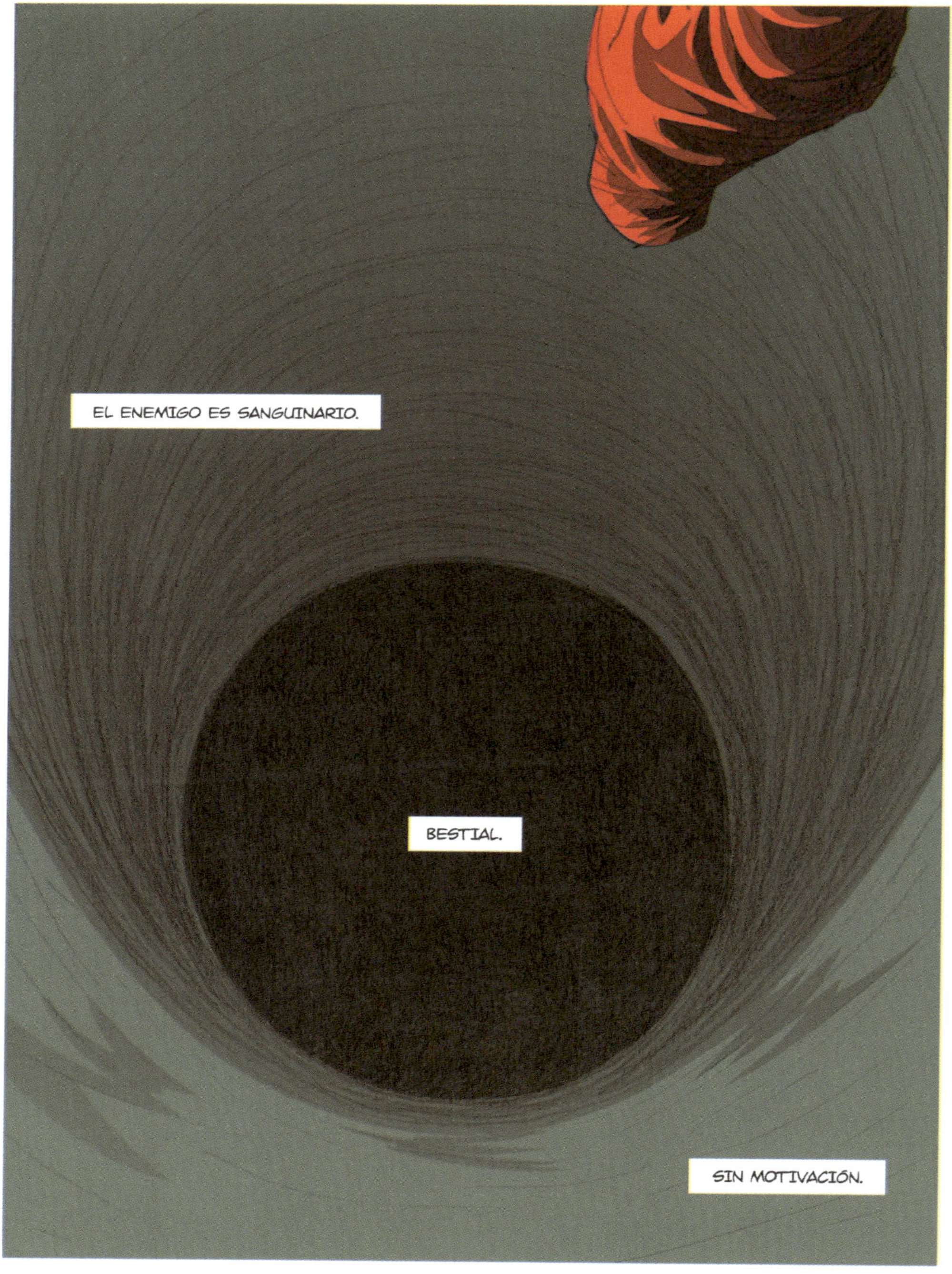
EL ENEMIGO ES SANGUINARIO.
BESTIAL.
SIN MOTIVACIÓN.

HAY QUE APLASTARLO EN NOMBRE DE UNA PRIMACÍA MORAL QUE NO CONOCE DUDAS.
ANALIZAR E IDENTIFICAR RESPONSABILIDADES MUTUAS EQUIVALE A TRAICIONAR.

UNA SIMPLIFICACIÓN QUE PRODUCE ADICCIÓN.

LA GUERRA ES ALGO A LO QUE NOS ACOSTUMBRAMOS.

A LO QUE ADAPTAMOS NUESTRAS VIDAS.
BREAKING NEWS
Mib:-3,1
18:20

LA MASACRE SE CONVIERTE EN RUIDO DE FONDO.

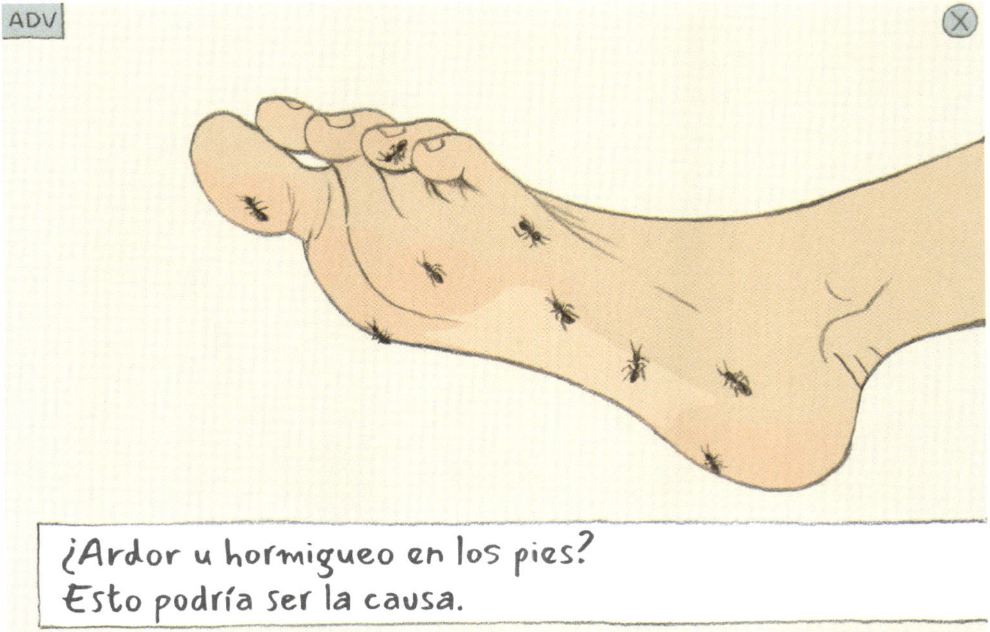
ADV
¿Ardor u hormigueo en los pies?
Esto podría ser la causa.

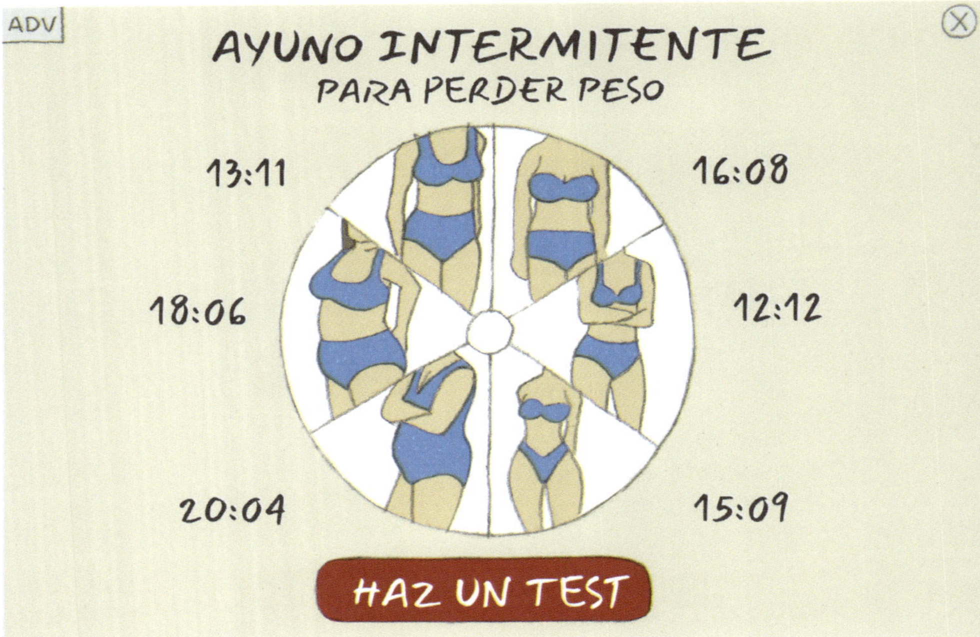
ADV
AYUNO INTERMITENTE
PARA PERDER PESO
13:11
16:08
18:06
12:12
20:04
15:09
HAZ UN TEST

DETENERSE SE VUELVE INCONCEBIBLE.
FOOD PACK
EMERGENCY

CAER EN EL ABISMO, INEVITABLE.

LA GUERRA SIGUE LA MISMA LÓGICA QUE EL CAPITAL.

SIGUE EL CRECIMIENTO.
HASTA LA CRISIS DEL SISTEMA.

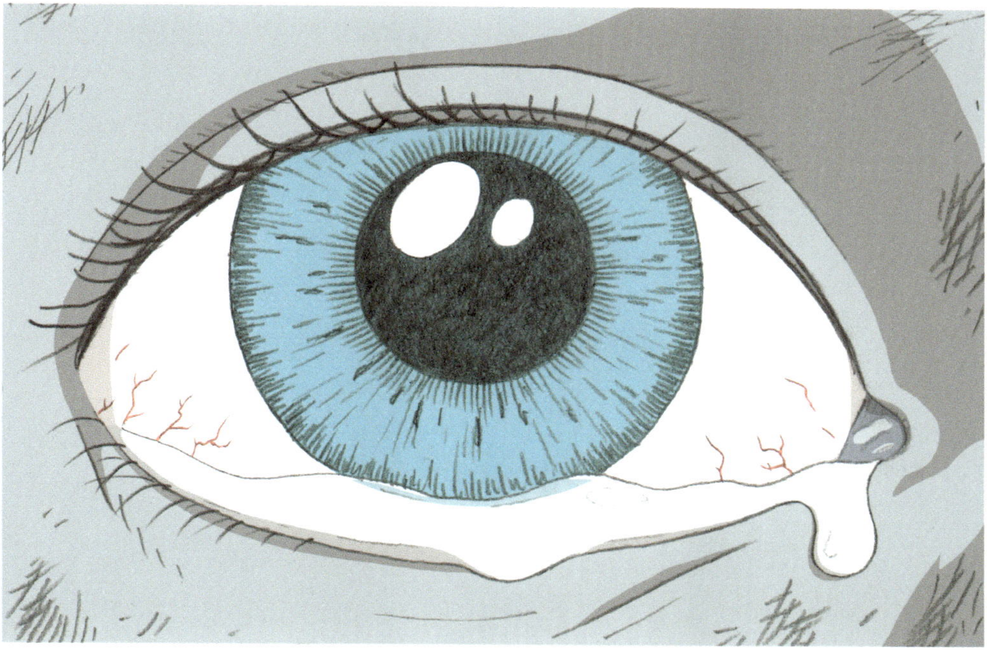

Y ASÍ, MIENTRAS EL MUNDO ARDE,

ENCENDEMOS FUEGOS.

PERO ¿QUÉ ES ESA BRUTALIDAD A LA QUE ESTAMOS ACOSTUMBRADOS?
¿POR QUÉ UNA FALTA DE JUICIO TAN ABSURDA Y CÍNICA?

ADV
EPTATHLON
EL VERANO NOS HACE BIEN
Máscara Easybreath
24'99 €

¿ES QUIZÁS LA PREPARACIÓN PARA ALGO QUE VENDRÁ?
¿PARA UNA NUEVA ETAPA?

LAS POBLACIONES CIVILES SE ENCUENTRAN APLASTADAS ENTRE CONFLICTOS Y CRISIS AMBIENTALES.
CUANDO LOS RECURSOS COMO EL AGUA ESCASEEN, O LAS CONDICIONES CLIMÁTICAS HAGAN INHÓSPITAS PARTES SIGNIFICATIVAS DEL PLANETA, ¿QUÉ SUCEDERÁ?
PARA 2070, EL 19 % DEL PLANETA PODRÍA SER DEMASIADO CÁLIDO Y SECO PARA SER HABITABLE.
VIVEN EN ÉL TRES MIL MILLONES DE PERSONAS.
¿QUÉ SISTEMA PODRÍA RESISTIR TAL IMPACTO?

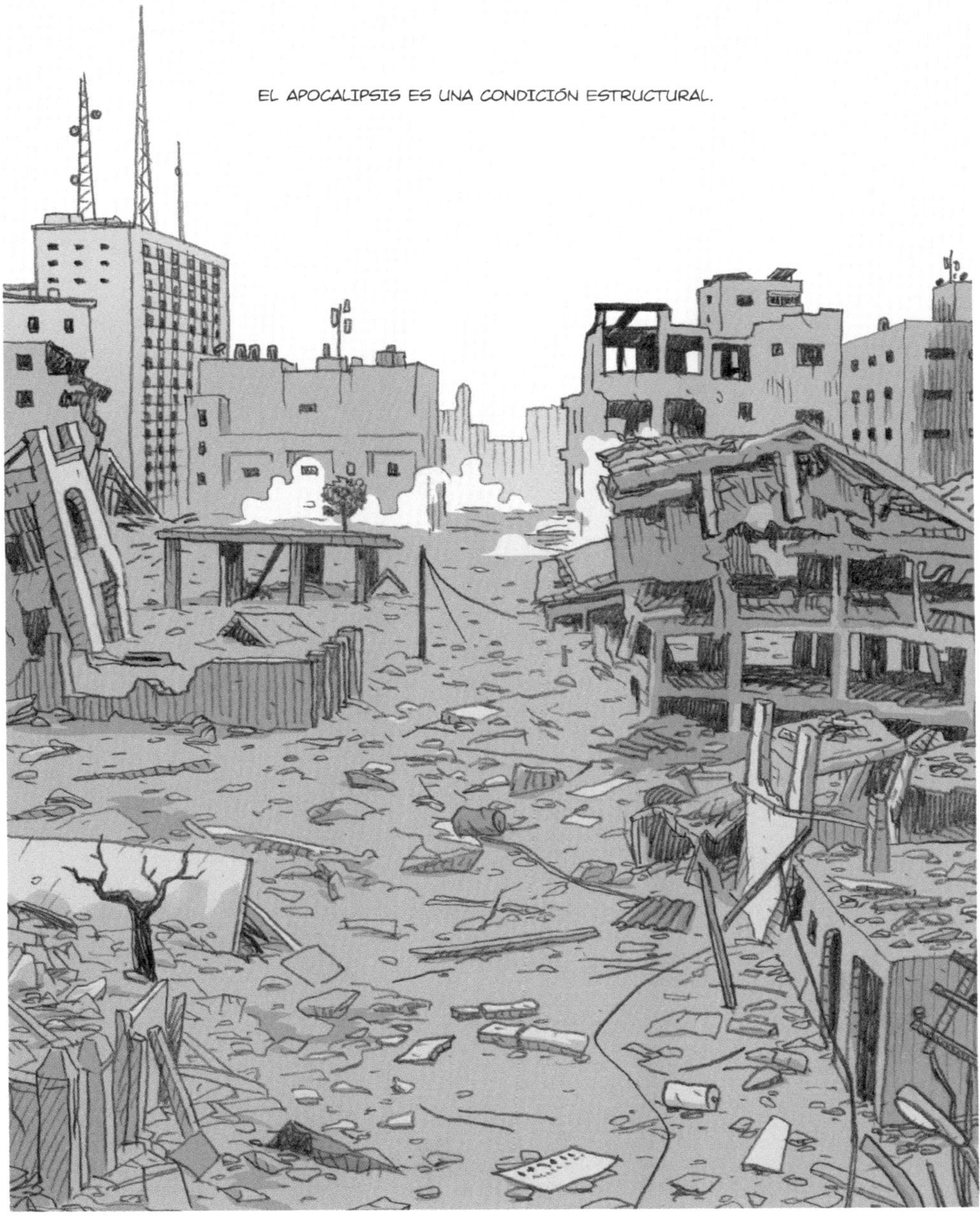
EL APOCALIPSIS ES UNA CONDICIÓN ESTRUCTURAL.

6
NEGACIÓN

CUANDO MI MADRE MURIÓ, YO TENÍA DIECINUEVE AÑOS.

YA CONDUCÍA EL COCHE CUANDO IBA A VISITARLA A LA CLÍNICA.

CREO QUE NO VOLVÍ A PASAR POR ESAS CALLES DURANTE AL MENOS VEINTE AÑOS.
NO PODÍA HACERLO.

Y DE ALGUNA MANERA FUNCIONÓ. EN CIERTO MOMENTO ME OLVIDÉ DEL CAMINO PARA LLEGAR HASTA ALLÍ.
AL NO PODER IDENTIFICAR UN PUNTO PRECISO, LA CIUDAD SE HABÍA VUELTO CONFUSA.

FREUD DEFINE LA NEGACIÓN COMO EL MECANISMO POR EL CUAL «EXPULSAMOS O ALEJAMOS DE LA CONCIENCIA ALGO INSOPORTABLE, EVITANDO ASÍ EL DISGUSTO».

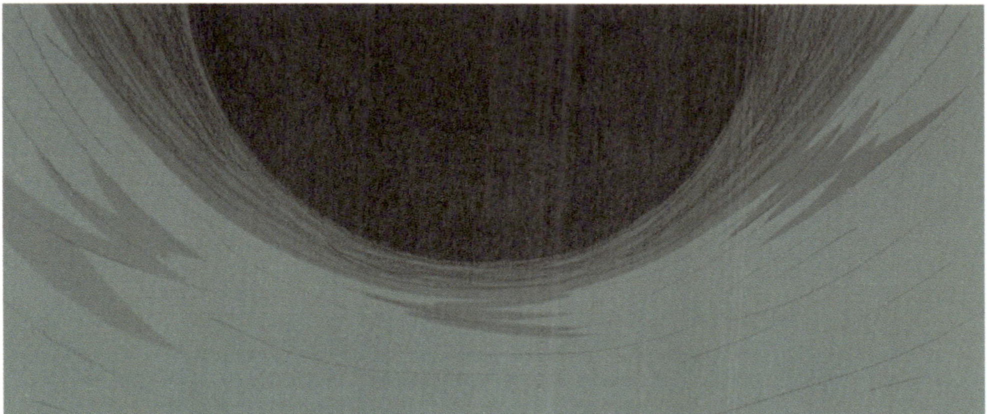

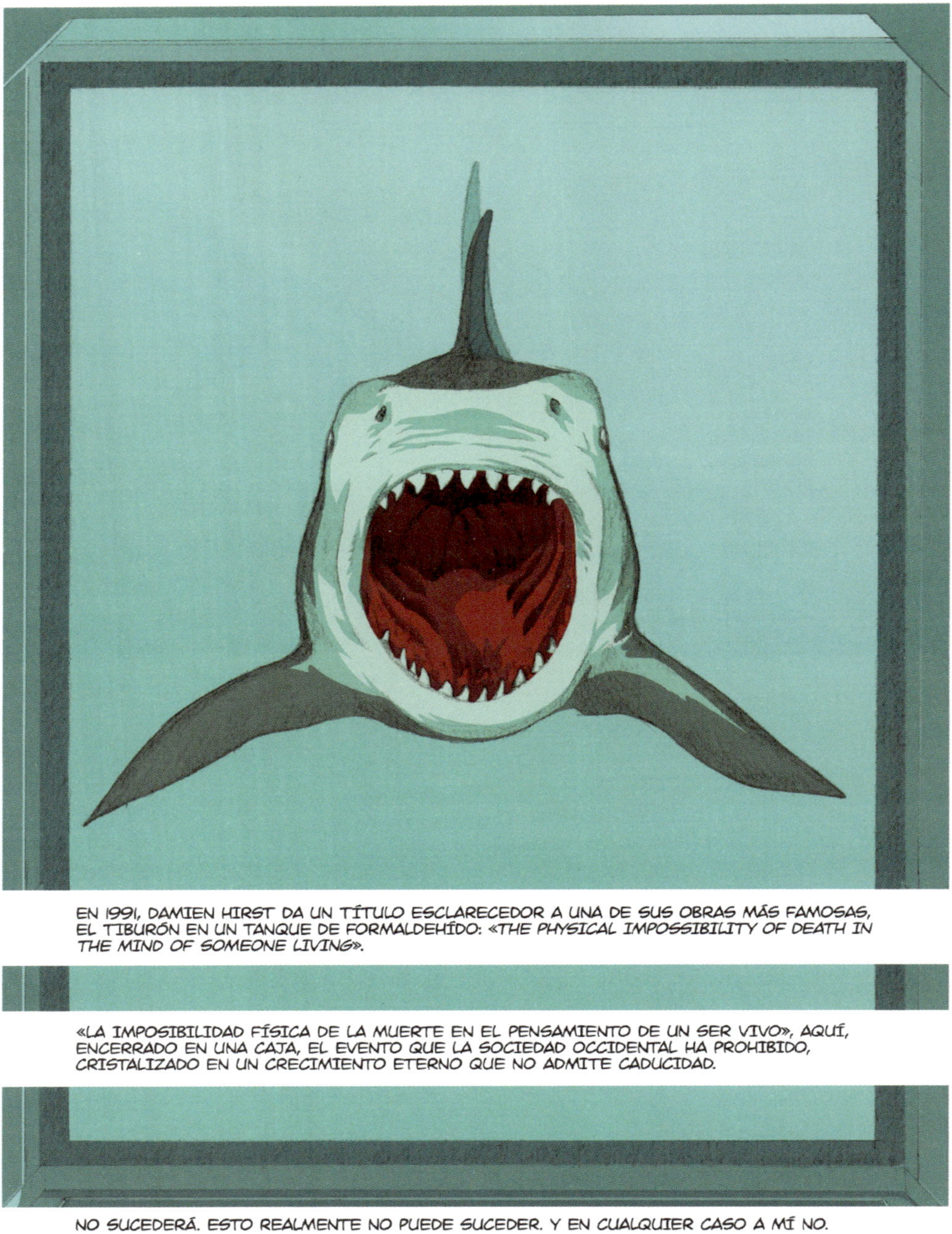
EN 1991, DAMIEN HIRST DA UN TÍTULO ESCLARECEDOR A UNA DE SUS OBRAS MÁS FAMOSAS, EL TIBURÓN EN UN TANQUE DE FORMALDEHÍDO: «*THE PHYSICAL IMPOSSIBILITY OF DEATH IN THE MIND OF SOMEONE LIVING*».
«LA IMPOSIBILIDAD FÍSICA DE LA MUERTE EN EL PENSAMIENTO DE UN SER VIVO», AQUÍ, ENCERRADO EN UNA CAJA, EL EVENTO QUE LA SOCIEDAD OCCIDENTAL HA PROHIBIDO, CRISTALIZADO EN UN CRECIMIENTO ETERNO QUE NO ADMITE CADUCIDAD.
NO SUCEDERÁ. ESTO REALMENTE NO PUEDE SUCEDER. Y EN CUALQUIER CASO A MÍ NO.

HASTA AHORA TODO ES NORMAL.
¿QUIÉN QUIERE PENSAR DÍA Y NOCHE EN LA MUERTE?
SUENA BASTANTE DEPRIMENTE.

PERO LA CATÁSTROFE CLIMÁTICA Y AMBIENTAL A LA QUE NOS ENFRENTAMOS REQUIERE UN ENFOQUE DIFERENTE.
COMO UN ATAQUE DE TIBURÓN, LAS ADVERTENCIAS SON CONFUSAS E IMPERCEPTIBLES, HASTA QUE ES DEMASIADO TARDE.
LA MORDIDA LLEGA DE REPENTE Y SIN ESCAPATORIA.
NUESTRA NEGACIÓN NOS ESTÁ FRENANDO PELIGROSAMENTE.
LO QUE PARECÍA PRUDENCIA EN 1988 HOY RESULTA SER NEGACIONISMO CLIMÁTICO. LO QUE ERA AMBICIOSO EN 2012 HOY ES ABSOLUTAMENTE INADECUADO. NUESTRA INACCIÓN HACE QUE LOS PLANES Y PREDICCIONES FUTUROS QUEDEN OBSOLETOS.

NUESTRA NEGACIÓN COINCIDE PERFECTAMENTE CON LOS INTERESES DE LOS GIGANTES DEL CAPITAL FÓSIL.

ES HORA DE REVIVIR NUESTRO TRAUMA PLANETARIO.
¿ESTÁN LISTOS?
VOLVAMOS A LA MÁQUINA DE VAPOR DE WATT Y A LA INDUSTRIA MANUFACTURERA BRITÁNICA.
SU INVENCIÓN TARDARÁ VARIOS AÑOS EN SER CONSIDERADA UNA OPCIÓN VIABLE. NO POR RAZONES ENERGÉTICAS, SINO DE CONTROL SOCIAL.
LOS ANTIGUOS MOLINOS, ALIMENTADOS CON ENERGÍA RENOVABLE A BAJO COSTE, ERAN EL TEATRO DE LAS REIVINDICACIONES DE LOS TRABAJADORES. LA MÁQUINA DE VAPOR, GRACIAS AL CARBÓN, PERMITE TRASLADAR LAS FÁBRICAS A LAS CIUDADES, DONDE LA MANO DE OBRA ES MÁS CHANTAJEABLE.
AFLUENCIA MASIVA DE MANO DE OBRA PROCEDENTE DE LAS ZONAS RURALES CIRCUNDANTES EN DÉCADAS ANTERIORES, COMO RESULTADO DE LA PRIVATIZACIÓN FORZADA DE LOS TERRENOS COMUNES.

EN 1825, GRAN BRETAÑA ERA RESPONSABLE POR SÍ SOLA DEL 80 % DE LAS EMISIONES MUNDIALES DE CO_2.
EN 1850 DEL 62 %.
SE HABÍA ABIERTO LA CAJA DE PANDORA.
Y ESTABA LLENA DE CARBÓN.

EL CAMBIO AL SISTEMA DE PRODUCCIÓN INDUSTRIAL ALTERA LA RELACIÓN DEL HOMBRE CON EL TIEMPO.
DESDE ESTE MOMENTO YA NO ES LA NATURALEZA QUIEN ESTABLECE LOS TIEMPOS DEL TRABAJO, SINO EL PROPIETARIO DE LOS MEDIOS DE PRODUCCIÓN.

ESTA RELACIÓN NUNCA SERÁ CONTRASTADA, EXCEPTO A TRAVÉS DE FORMAS AISLADAS DE REBELIÓN, COMO POR EJEMPLO LA DEL MOVIMIENTO *RAVE*.
PERO ESA ES OTRA HISTORIA...
MTUMTUMTUMtutiTUMT

NI SIQUIERA LOS EFECTOS DE ESTA ACELERACIÓN MASIVA DE LA PRODUCCIÓN SERÍAN CUESTIONADOS OFICIALMENTE. AL MENOS HASTA LA CAÍDA DEL MURO DE BERLÍN.
BERL
IN THE NAME OF TH
TEAR DOWN THE WALL
EN 1990, TRAS TREINTA AÑOS DE INVESTIGACIÓN, EL PRIMER INFORME DEL IPCC ADVIERTE SOBRE LA POSIBILIDAD DEL CALENTAMIENTO GLOBAL.

¿SE ACUERDAN DE LOS QUE GRITAN EN LAS PELÍCULAS?
WHITE STAR LIN
¡¡ICEBEEERG!!

ENTRE LOS PRIMEROS EN «GRITAR» ESTUVO EL CLUB DE ROMA, UNA ORGANIZACIÓN INTERNACIONAL DE CIENTÍFICOS E INTELECTUALES FUNDADA EN 1968.

EN 1972 PUBLICARON EL INFORME *LOS LÍMITES DEL CRECIMIENTO*, QUE INVESTIGABA LOS DESARROLLOS ENTRELAZADOS DE LA EXPLOTACIÓN DE LOS RECURSOS DEL PLANETA, LA CONTAMINACIÓN Y LA SUPERPOBLACIÓN, PLANTEANDO DIFERENTES ESCENARIOS FUTUROS.

LAS CONSECUENCIAS DEL CRECIMIENTO ECONÓMICO ILIMITADO EN UN PLANETA LIMITADO.

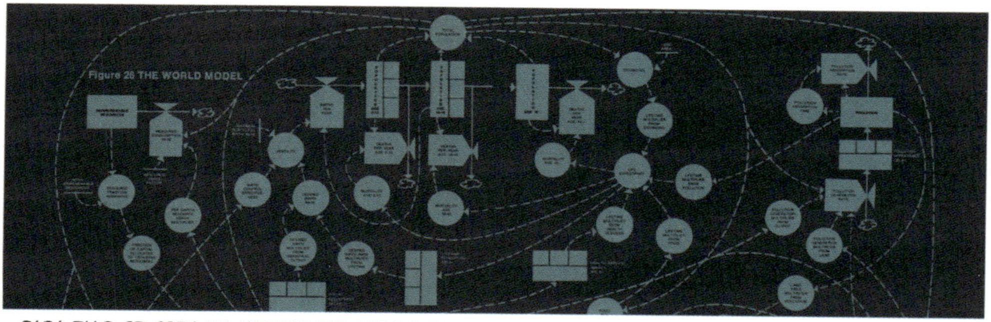

PARA ELLO SE CREA UN MODELO DEL MUNDO EN UN ORDENADOR DE TARJETAS PERFORADAS.

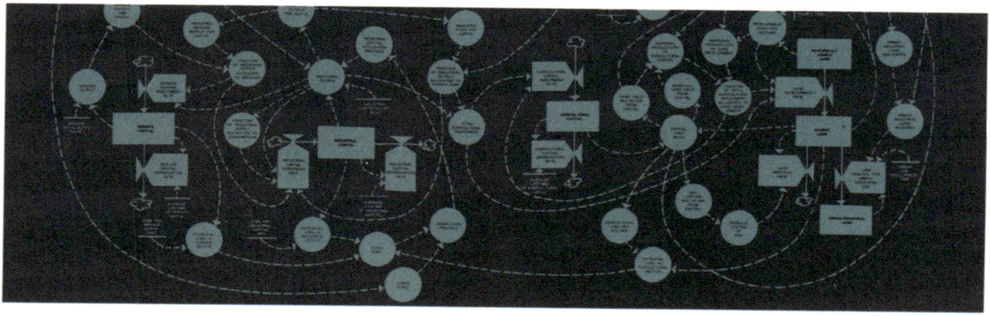

SEGÚN LA MAYORÍA DE LAS SIMULACIONES, EL CONTINUO SAQUEO INDISCRIMINADO DE RECURSOS PROVOCARÍA EL COLAPSO DE LA CIVILIZACIÓN HUMANA DENTRO DE UN SIGLO.

EN ALGUNAS SIMULACIONES, LA HUMANIDAD, MOVIÉNDOSE EN EL TIEMPO, HABRÍA CREADO MODELOS SOSTENIBLES Y JUSTOS, CREANDO UN EQUILIBRIO ENTRE BIENESTAR Y RECURSOS LIMITADOS.

ESTAMOS EN LOS AÑOS SETENTA. EL MUNDO PARECE A PUNTO DE CAMBIAR.

HUBO QUE ESPERAR HASTA 1997 Y LA FIRMA DEL PROTOCOLO DE KIOTO.
POR PRIMERA VEZ, LOS PAÍSES FIRMANTES SE COMPROMETEN A REDUCIR LAS EMISIONES DE GASES DE EFECTO INVERNADERO. UN ACUERDO PARCIAL E IGNORADO.

ENTRE 1998 Y 2007, EXXON-MOBIL, SEGÚN GREENPEACE, GASTÓ AL MENOS 25 MILLONES DE DÓLARES PARA APOYAR UNA CAMPAÑA QUE CONTRARRESTARA LAS TESIS DEL PROTOCOLO.

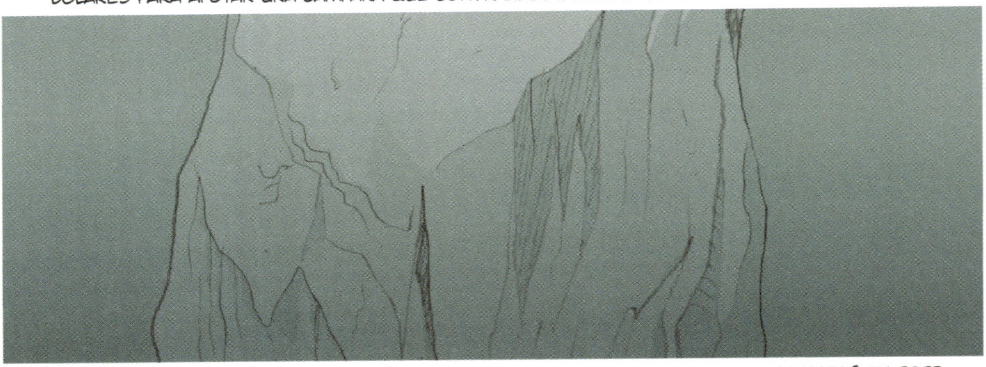

YA SON CONSCIENTES DE LOS EFECTOS QUE PROVOCAN LAS EMISIONES, SE DESCUBRIRÁ EN 2023, PERO TRABAJAN PARA DESMENTIRLO.

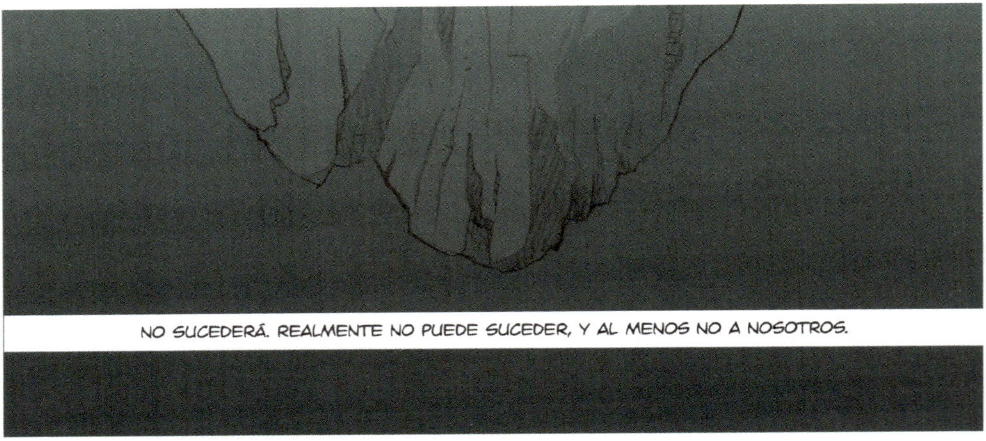

NO SUCEDERÁ. REALMENTE NO PUEDE SUCEDER, Y AL MENOS NO A NOSOTROS.

EN 2001 SE CELEBRÓ EN GÉNOVA LA CUMBRE DEL G-8, LA REUNIÓN DE GOBIERNOS DE LOS PAÍSES MÁS INDUSTRIALIZADOS. EL MOVIMIENTO ANTIGLOBAL LO CUESTIONA, PIDIENDO UNA SERIE DE ACCIONES FUNDAMENTALES PARA REVERTIR EL CURSO CATASTRÓFICO DEL LIBERALISMO.

UNA MUERTE Y LA MAYOR VIOLACIÓN DE LOS DERECHOS HUMANOS EN EUROPA DESDE EL FINAL DE LA SEGUNDA GUERRA MUNDIAL ES LO ÚNICO QUE CONSIGUEN.

EN 2004, UNA COMPAÑÍA DE PUBLICIDAD, EN NOMBRE DE BRITISH PETROLEUM, INTRODUJO LA HUELLA DE CARBONO PERSONAL, QUE DESPLAZA LA RESPONSABILIDAD AL INDIVIDUO.

PERO EL 70 % DE LAS EMISIONES GLOBALES SON OBRA DE UN CENTENAR DE EMPRESAS, UN TERCIO SON PRODUCIDAS POR SOLO VEINTE. ENTRE ELLOS SAUDI ARAMCO, GAZPROM, CHEVRON Y LA PROPIA EXXON.

HACE AÑOS QUE SE INTENTA DESVIAR LA ATENCIÓN Y LA PRESIÓN POLÍTICA DE LOS GRANDES PRODUCTORES DE COMBUSTIBLES FÓSILES HACIA LOS INDIVIDUOS, Y AL MISMO TIEMPO CONVERTIR A LOS CIUDADANOS EN CONSUMIDORES, PARA EVITAR LA FORMACIÓN DE GRANDES REIVINDICACIONES COLECTIVAS.

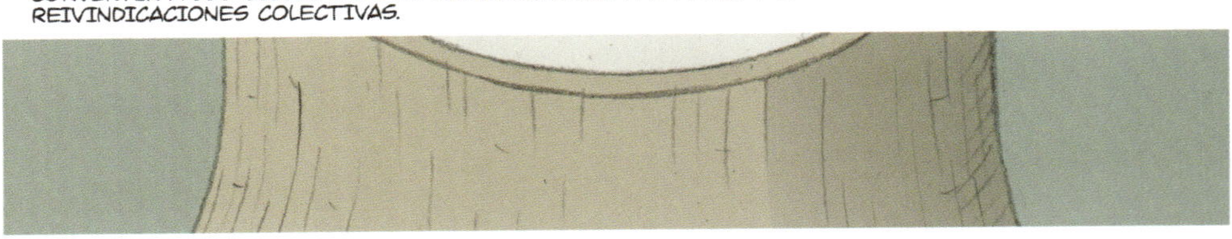

SE DEDICARON VEINTICINCO AÑOS A REUNIR PRUEBAS PARA CONVENCER A LOS OFICIALES DEL TITANIC.
MIENTRAS BEBEMOS EN VASOS DESECHABLES Y HABLAMOS DE LA VIDA SEXUAL DE ALGUNA CELEBRIDAD INÚTIL, EL ICEBERG SE ACERCA CADA VEZ MÁS.

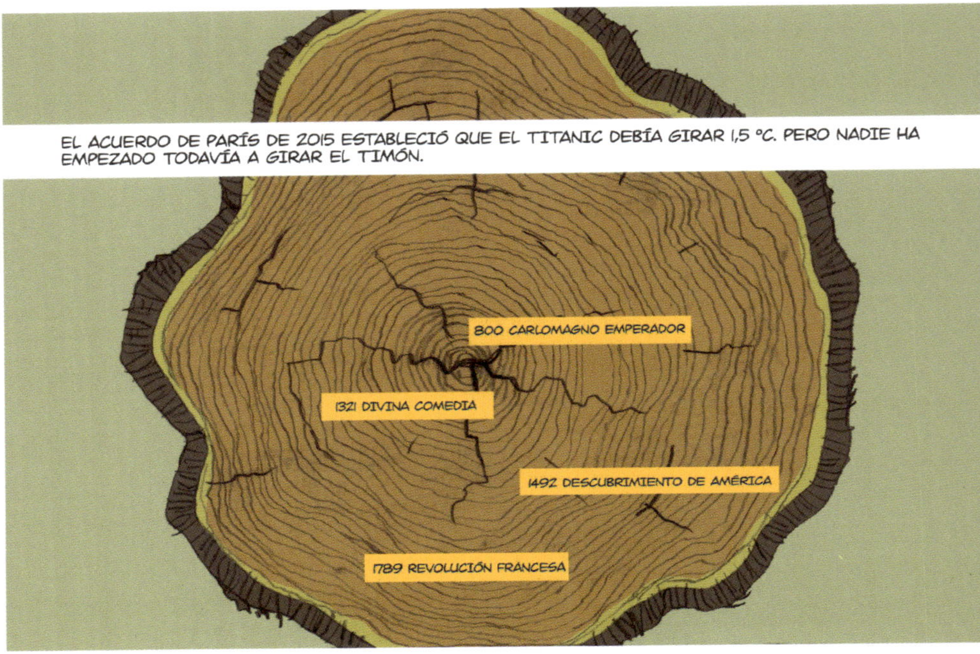
EL ACUERDO DE PARÍS DE 2015 ESTABLECIÓ QUE EL TITANIC DEBÍA GIRAR 1,5 °C. PERO NADIE HA EMPEZADO TODAVÍA A GIRAR EL TIMÓN.
800 CARLOMAGNO EMPERADOR
1321 DIVINA COMEDIA
1492 DESCUBRIMIENTO DE AMÉRICA
1789 REVOLUCIÓN FRANCESA

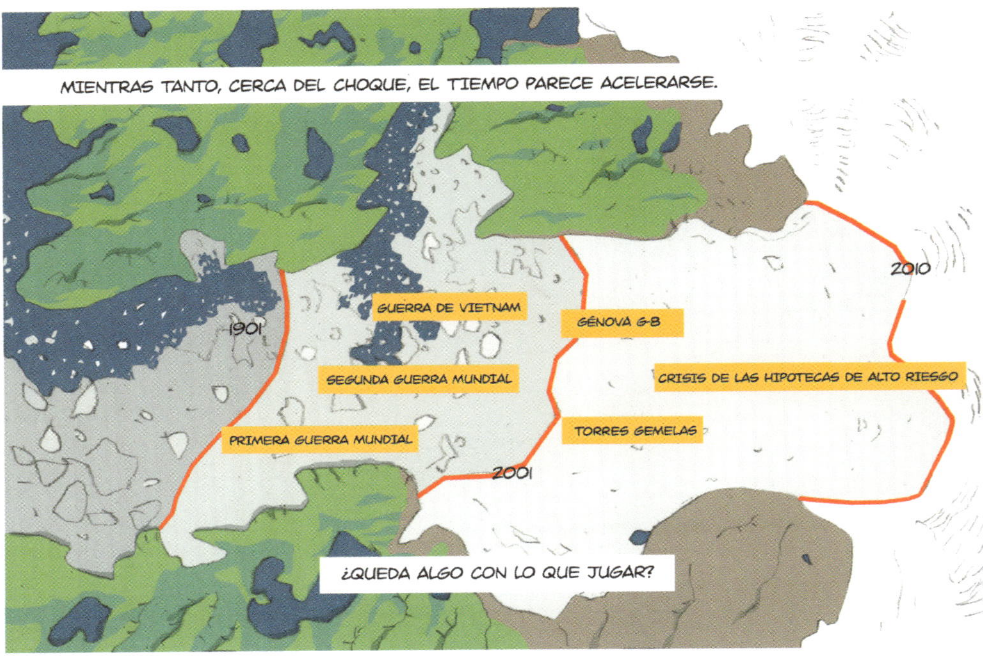
MIENTRAS TANTO, CERCA DEL CHOQUE, EL TIEMPO PARECE ACELERARSE.
2010
1901
GUERRA DE VIETNAM
GÉNOVA G-8
SEGUNDA GUERRA MUNDIAL
CRISIS DE LAS HIPOTECAS DE ALTO RIESGO
PRIMERA GUERRA MUNDIAL
TORRES GEMELAS
2001
¿QUEDA ALGO CON LO QUE JUGAR?

¡SÍ, HÁGANOS UN JUEGUITO, PROFESOR!
TENGO UNO QUE PUEDE AYUDAR A ENTENDER.
S.M.L.XL
DOBLAMOS UNA HOJA DE PAPEL POR LA MITAD.
SU GROSOR SE DUPLICA.
¿OK?
AHORA VOLVAMOS A DOBLARLO.
EL ESPESOR SE CUADRIPLICA.
AHORA IMAGINEMOS QUE LO DOBLAMOS CUARENTA VECES.
¿QUÉ ESPESOR OBTENDREMOS?

SEGÚN LA MAYORÍA DE LA GENTE, ALREDEDOR DE UN METRO.
S.M.L.XL
LA RESPUESTA CORRECTA, SIN EMBARGO, ES MÁS QUE LA DISTANCIA ENTRE LA TIERRA Y LA LUNA.
¡ES EL PRINCIPIO DEL CRECIMIENTO, BABY!
EXACTO.
EL CRECIMIENTO SIGUE SIENDO NUESTRA PRIORIDAD.
PERO EXISTE UNA ENORME BRECHA ENTRE NUESTRA CAPACIDAD DE COMPRENSIÓN Y LO QUE REALMENTE SUCEDE.

DESDE LA PUBLICACIÓN DEL PRIMER INFORME DEL IPCC EN 1990,
LAS EMISIONES DE CO_2 AUMENTARON UN 60 %.
DESDE 1991 HASTA HOY HEMOS EMITIDO MÁS CO_2 QUE EN EL RESTO DE LA HISTORIA DE LA HUMANIDAD.
LAS EMISIONES NO ESTÁN SOLO CRECIENDO.
ESTÁN AUMENTANDO DE VELOCIDAD.
Y NOSOTROS SOMOS INCAPACES DE PERCIBIRLO.
¿USTED CREE?

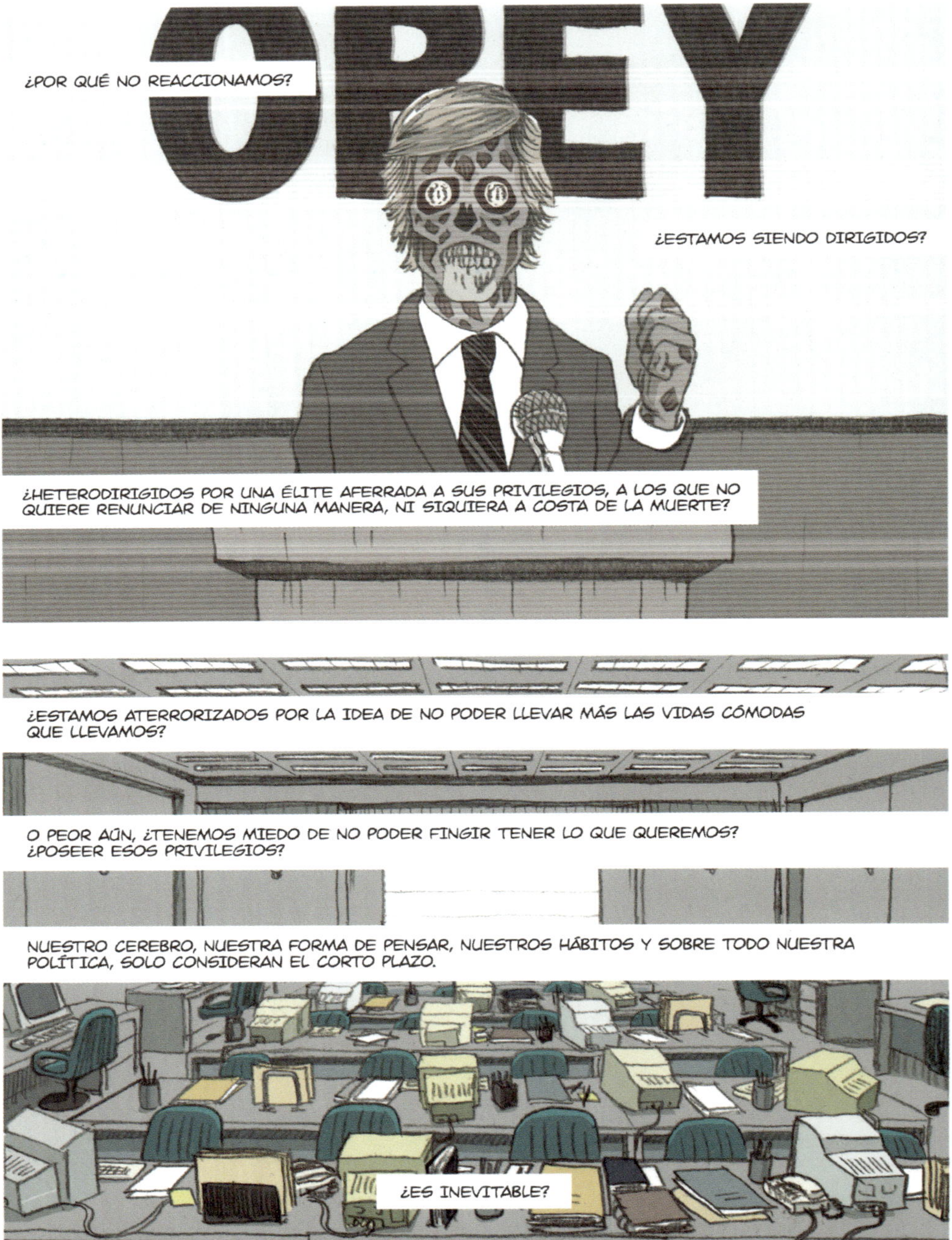
OBEY
¿POR QUÉ NO REACCIONAMOS?
¿ESTAMOS SIENDO DIRIGIDOS?
¿HETERODIRIGIDOS POR UNA ÉLITE AFERRADA A SUS PRIVILEGIOS, A LOS QUE NO QUIERE RENUNCIAR DE NINGUNA MANERA, NI SIQUIERA A COSTA DE LA MUERTE?
¿ESTAMOS ATERRORIZADOS POR LA IDEA DE NO PODER LLEVAR MÁS LAS VIDAS CÓMODAS QUE LLEVAMOS?
O PEOR AÚN, ¿TENEMOS MIEDO DE NO PODER FINGIR TENER LO QUE QUEREMOS? ¿POSEER ESOS PRIVILEGIOS?
NUESTRO CEREBRO, NUESTRA FORMA DE PENSAR, NUESTROS HÁBITOS Y SOBRE TODO NUESTRA POLÍTICA, SOLO CONSIDERAN EL CORTO PLAZO.
¿ES INEVITABLE?

ENCONTRARSE FRENTE AL TIBURÓN SIGNIFICA VOLVERSE INDEFENSO, IRRELEVANTE, PERCIBIR LA INSENSATEZ DEL REPENTINO FIN DE LA PRESA.
¿SERÁ POR ESO QUE NO PROCESAMOS CON CLARIDAD LA INFORMACIÓN QUE TENEMOS?
¿DEMASIADOS DESEOS, EXPECTATIVAS, VÍNCULOS?

¿TIENE RAZÓN CYPHER, EL PERSONAJE DEL TRAIDOR EN MATRIX?

¿LA IGNORANCIA ES ALGO BUENO?

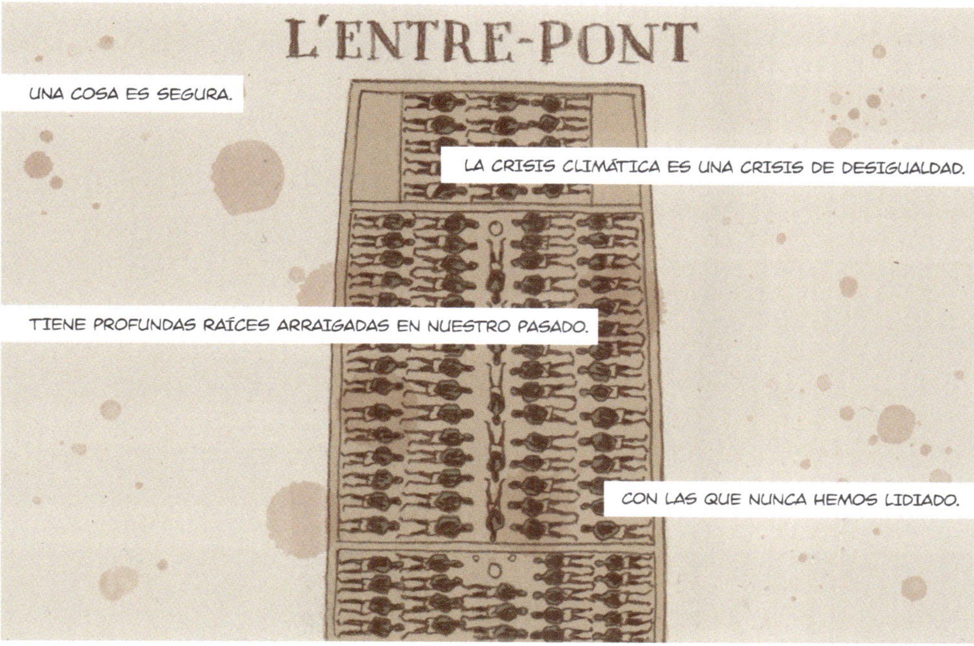
L'ENTRE-PONT
UNA COSA ES SEGURA.
LA CRISIS CLIMÁTICA ES UNA CRISIS DE DESIGUALDAD.
TIENE PROFUNDAS RAÍCES ARRAIGADAS EN NUESTRO PASADO.
CON LAS QUE NUNCA HEMOS LIDIADO.

LAS EMISIONES PARECEN SER EL ÚNICO RASTRO INCOLORO E INODORO DE ESTA GIGANTESCA REPRESIÓN.
UN KARMA PLANETARIO DE DIÓXIDO DE CARBONO.

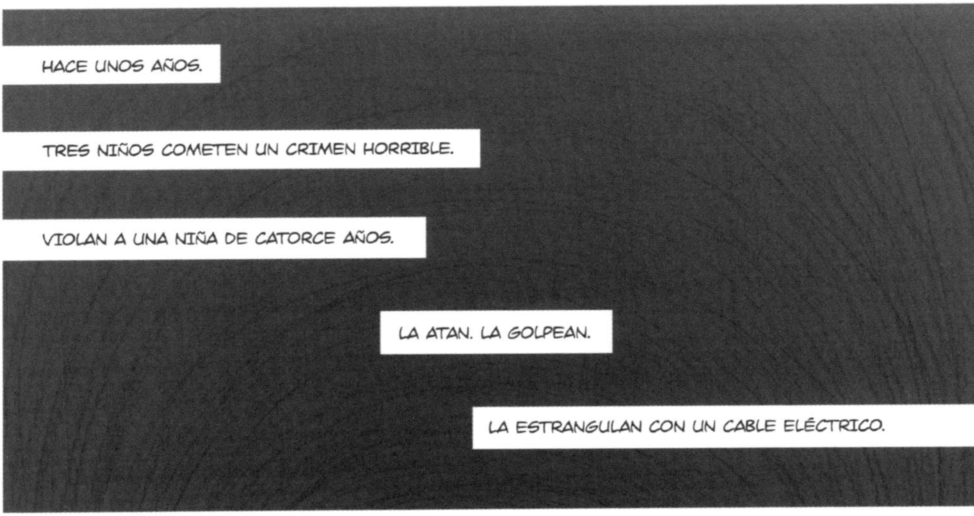

FINALMENTE, LA PRENDEN FUEGO Y ARROJAN SU CUERPO A UN POZO, CON UNA PIEDRA AL CUELLO.

PUES BIEN.
Y NOSOTROS, ¿PODEMOS?

7

NOSOTROS

¿DE DÓNDE VIENE LA NOSTALGIA?
¿DEL INEXORABLE PASO DEL TIEMPO?
¿POR QUÉ NOS LLEVAMOS LUGARES EN EL CORAZÓN?
¿SON LUGARES DONDE FUIMOS FELICES?
¿O LUGARES GRACIAS A LOS CUALES FUIMOS FELICES?
JUNIO DE 2023.
LLEVO A MIS HIJOS DE VACACIONES A VER EL MONT BLANC.
¿PODEMOS NADAR AHÍ?
NUNCA HAN VISTO UN GLACIAR.
«MEJOR DARSE PRISA», ME DIJE A MÍ MISMO.

TODO PADRE INTENTA HACER QUE SUS HIJOS REVIVAN SUS PROPIAS EXPERIENCIAS.
UN POCO PATÉTICO, PERO ES ASÍ.
QUÉ GRACIOSO.
TENGO LA MISMA EDAD QUE MI MADRE CUANDO MURIÓ.
ES COMO PASAR LA ANTORCHA.
PERO NO ME ESTOY MURIENDO.
NO QUE YO SEPA.

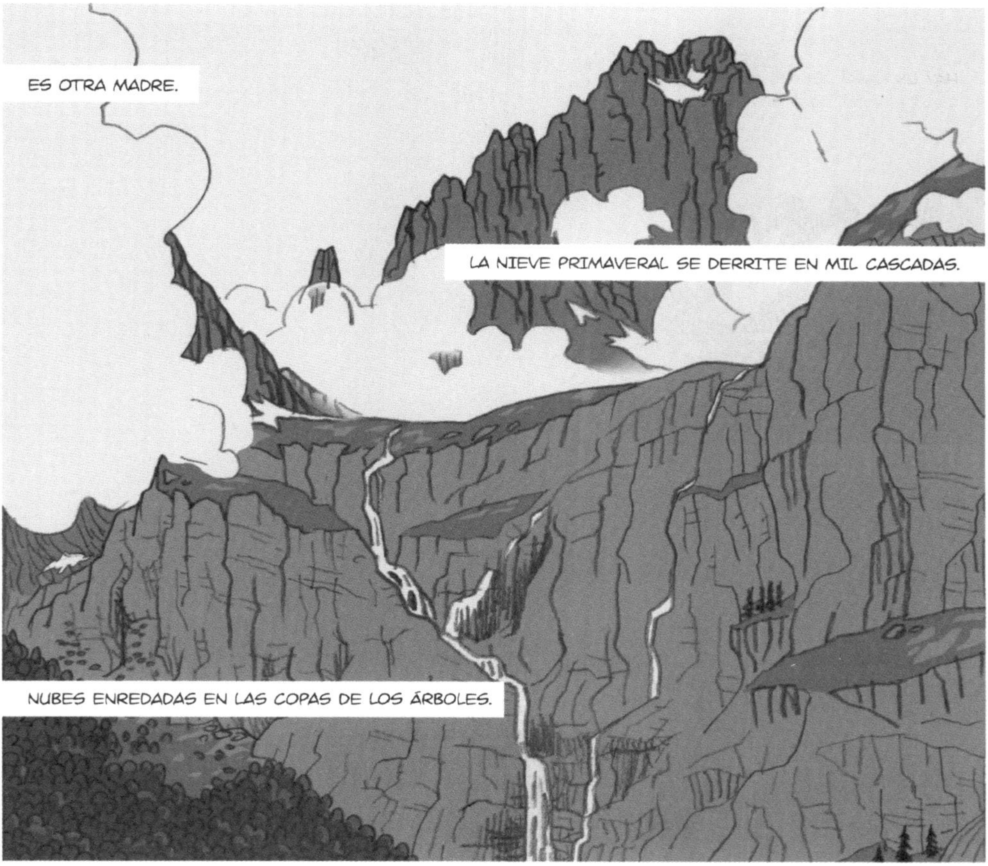
ES OTRA MADRE.
LA NIEVE PRIMAVERAL SE DERRITE EN MIL CASCADAS.
NUBES ENREDADAS EN LAS COPAS DE LOS ÁRBOLES.

AL FINAL, EL VALLE TERMINA CON UN GLACIAR CURVADO COMO UNA SERPIENTE.
UNA SERPIENTE OSCURA.

HAY UN LAGO DEBAJO DEL GLACIAR.
MI MADRE ME LLEVÓ ALLÍ, TAL VEZ HACE CUARENTA AÑOS.
UN LUGAR GRABADO EN MI MEMORIA.
MIRÁBAMOS LOS BLOQUES DE HIELO CAER AL AGUA DESDE UN ACANTILADO AZUL.

REVIVIR LAS MISMAS EXPERIENCIAS.
QUÉ INGENUO.
NUNCA TE BAÑAS EN EL MISMO RÍO.

AGOSTO DE 2023. DOS MESES DESPUÉS.
EL PUNTO DE CONGELACIÓN SE SITÚA DURANTE DÍAS EN 5300 METROS.
SOBRE LA CIMA DEL MONT BLANC.

POR DEBAJO DE ESTE NIVEL TODO SE DERRITE.

¿POR QUÉ NO SE HAN CONVOCADO REUNIONES SEMANALES DE EMERGENCIA EN CADA CIUDAD, CADA PUEBLO Y CADA ALDEA?

¿POR QUÉ TODAS LAS SOLUCIONES REALISTAS, RESUMIDAS EN EL REALISMO CAPITALISTA, PARECEN INADECUADAS Y TODAS LAS SOLUCIONES ADECUADAS, RESUMIDAS POR LAS EXIGENCIAS IMPUESTAS POR LA CRISIS, PARECEN POCO REALISTAS?

MARK FISHER NOS ARROJA LA VERDAD A LA CARA SIN POSIBILIDAD DE RESPUESTA: «EL CAPITALISMO SIMPLEMENTE OCUPA TODO EL HORIZONTE DE LO PENSABLE».

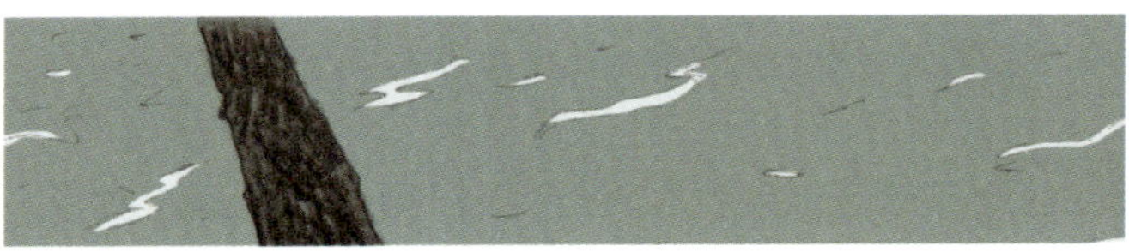

EL ÚLTIMO TERRITORIO POR SAQUEAR PARECE SER EL FUTURO.

¿ES ESO ASÍ? ¿ES LA NUESTRA UNA CARRERA HACIA EL CHOQUE SIN POSIBILIDAD DE TIRAR DEL FRENO? ¿ES MÁS FÁCIL IMAGINAR EL FIN DEL MUNDO QUE EL FIN DEL CAPITALISMO?

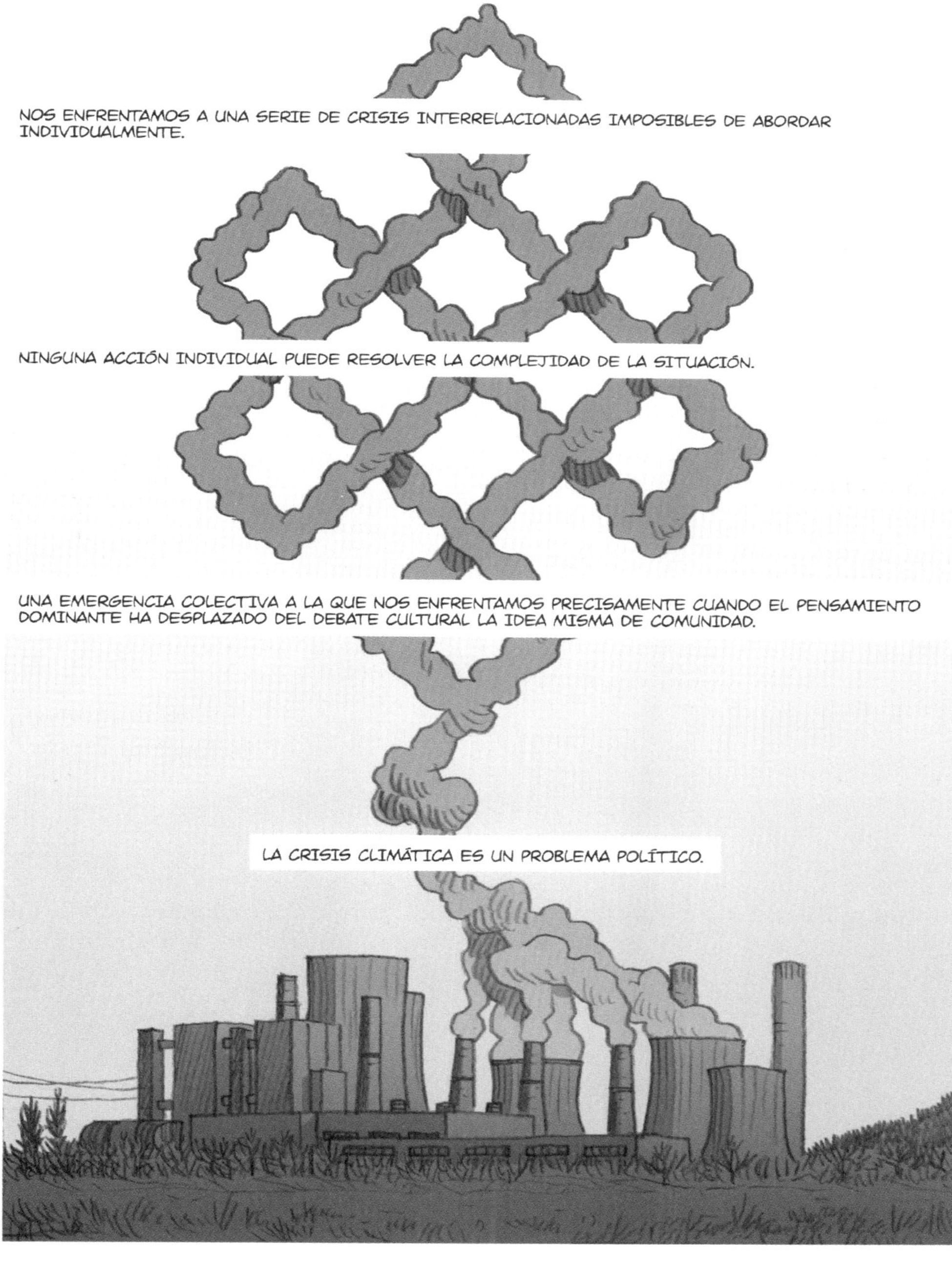
NOS ENFRENTAMOS A UNA SERIE DE CRISIS INTERRELACIONADAS IMPOSIBLES DE ABORDAR INDIVIDUALMENTE.
NINGUNA ACCIÓN INDIVIDUAL PUEDE RESOLVER LA COMPLEJIDAD DE LA SITUACIÓN.
UNA EMERGENCIA COLECTIVA A LA QUE NOS ENFRENTAMOS PRECISAMENTE CUANDO EL PENSAMIENTO DOMINANTE HA DESPLAZADO DEL DEBATE CULTURAL LA IDEA MISMA DE COMUNIDAD.
LA CRISIS CLIMÁTICA ES UN PROBLEMA POLÍTICO.

ES UNA CRISIS DE LA DEMOCRACIA.

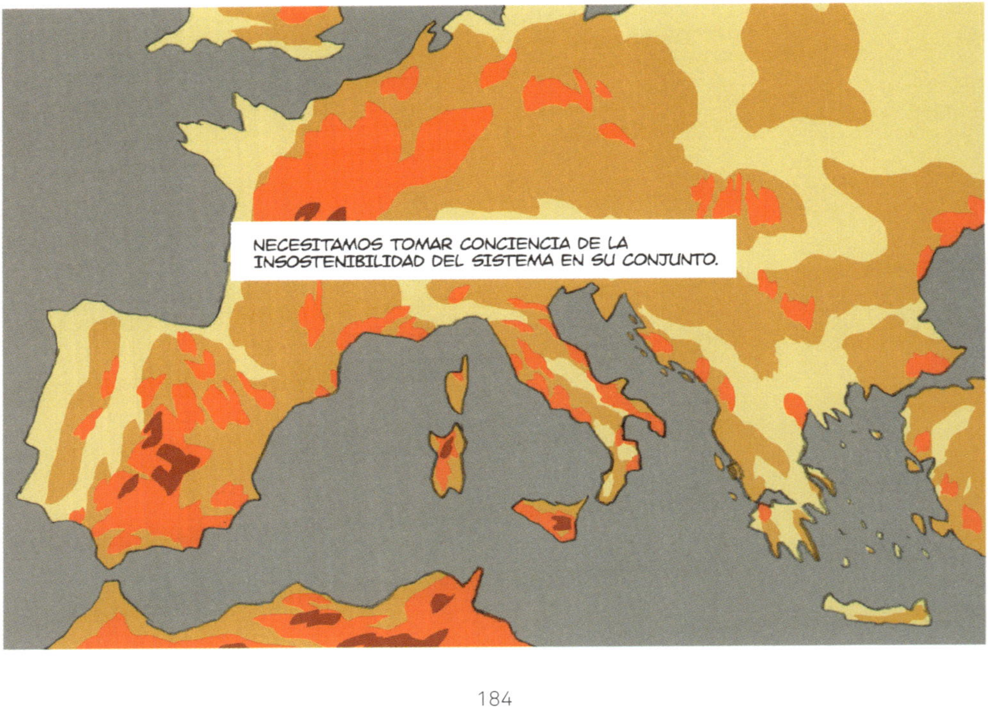
NECESITAMOS TOMAR CONCIENCIA DE LA INSOSTENIBILIDAD DEL SISTEMA EN SU CONJUNTO.

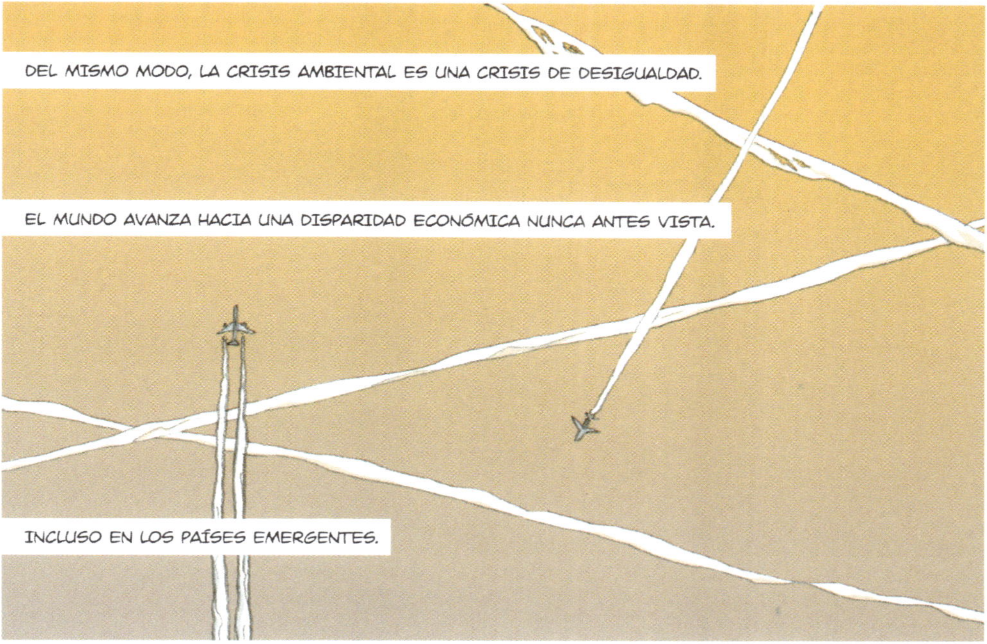
DEL MISMO MODO, LA CRISIS AMBIENTAL ES UNA CRISIS DE DESIGUALDAD.
EL MUNDO AVANZA HACIA UNA DISPARIDAD ECONÓMICA NUNCA ANTES VISTA.
INCLUSO EN LOS PAÍSES EMERGENTES.

HOY, LOS 81 HOMBRES MÁS RICOS DEL MUNDO TIENEN UNA RIQUEZA EQUIVALENTE A LA DE LA MITAD MÁS POBRE DEL PLANETA.
81 INDIVIDUOS PESAN LO MISMO QUE CUATRO MIL MILLONES DE PERSONAS.
50 %
40 %
10 %

LA LUCHA CONTRA EL CAMBIO CLIMÁTICO Y LA DESIGUALDAD VAN EN LA MISMA DIRECCIÓN.

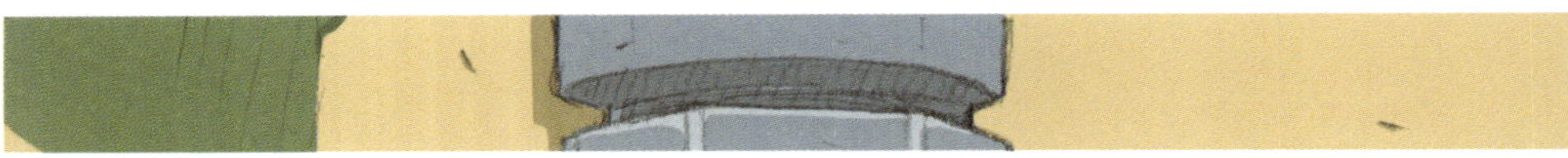

LA CRISIS CLIMÁTICA NOS PRESENTA POR PRIMERA VEZ EL CONCEPTO DE LÍMITE.

NO PODRÁ HABER DESCARBONIZACIÓN SIN REDISTRIBUCIÓN DE LA RIQUEZA, SIN ALGÚN TIPO DE «RACIONAMIENTO» DE LOS RECURSOS DISPONIBLES.

SE NECESITA UNA ACCIÓN COLECTIVA.
UNA REVOLUCIÓN CULTURAL.
CONTRAPOSICIONES DE IDEAS.
CONFLICTO
UNA MUTACIÓN DE NUESTRAS FORMAS DE PRODUCCIÓN, CONSUMO Y NUESTROS PROCESOS DE DESARROLLO POLÍTICO.

VOLVER A VER LA NATURALEZA ALREDEDOR Y DENTRO DEL SER HUMANO.
PARA SENTIR EMPATÍA.
NO SOLO HACIA LOS DEMÁS, SINO HACIA NUESTRO PLANETA, PARA TODAS LAS FORMAS DE VIDA.

TENEMOS QUE PONER EL CUIDADO EN PRIMER LUGAR.
LA VIDA EN LA TIERRA SE BASA EN RELACIONES E INFLUENCIAS RECÍPROCAS ENTRE ESPECIES.
EN EL EQUILIBRIO, NUNCA EN LA PRIMACÍA ABSOLUTA.

NO HAY OTRA BATALLA QUE LIBRAR.
ESTA ES LA LUCHA QUE CONTIENE TODAS LAS DEMÁS.

JUSTICIA
STOP WAR
IGUALDAD
POLICE
ANTIAUTORITARISMO

PACIFISMO
SALUD
LUCHA DE CLASES

PORQUE NO SE TRATA DE UNA SIMPLE REIVINDICACIÓN DE DERECHOS.
TAX THE RICH!
99%
ES LA LUCHA POR LA VIDA.

SOMOS EL PERMAFROST SIBERIANO DEGRADADO.
SOMOS EL DESIERTO QUE AVANZA EN EL SAHEL.
AMAZONIA EN LLAMAS.
SOMOS EL TORNADO QUE DESTRUYE CASAS.

ESTAMOS EN TODAS PARTES.
SOMOS EL ASTEROIDE.

ESTE ES EL MOMENTO PREVIO AL IMPACTO.
¿PODEMOS ESCAPAR DE NUESTRA PROPIA SOMBRA?

¿PODEMOS SEGUIR ESPERANDO INMÓVILES A QUE LA SOLUCIÓN A LA CRISIS MEDIOAMBIENTAL VENGA DE QUIENES LA HAN CAUSADO?

¿QUÉ ES VERDADERAMENTE UTÓPICO, SEGUIR CREYENDO EN EL PODER SALVADOR DE LOS MERCADOS O ABANDONAR ESTE CAMINO PARA BUSCAR OTRO?

EL CAMBIO EN LA HISTORIA A MENUDO COMIENZA CUANDO PARECE QUE NO HAY ALTERNATIVAS POSIBLES.
DESDE LA VALENTÍA DE OPCIONES RADICALES.
DESDE IDEAS CONSIDERADAS LOCAS DURANTE MUCHO TIEMPO.
IRREALIZABLES
RIDÍCULAS

EL FIN DE LA ESCLAVITUD.
LA DEMOCRACIA
EL ESTADO SOCIAL
INCLUSO EL NEOLIBERALISMO SE HA IMPUESTO PARTIENDO DE LA SEMICLANDESTINIDAD.
LAS IDEAS NACEN Y MUEREN, CHOCAN Y PREVALECEN.
Y LLEGAN LEJOS AQUELLAS QUE TIENEN MÁS FUTURO.

EL CAMBIO QUE HAY QUE HACER ES INMENSO.
PERO QUIZÁS EN ALGÚN OTRO LUGAR LA REVOLUCIÓN YA HA COMENZADO.
EN ALGUNA FAVELA O SUBURBIO.
EN UN BOSQUE QUEMADO O EN EL CAUCE DE UN RÍO CONTAMINADO.
EN UNA EMBARCACIÓN PEQUEÑA O EN UN CAMPO DE REFUGIADOS.

PARECE HABER UNA PREGUNTA IGUALMENTE APREMIANTE: «¿QUÉ PODEMOS HACER?».
¿QUIÉN PODEMOS SER?
UNO NO PUEDE SOBREVIVIR SOLO.

LA ELECCIÓN ES NUESTRA.

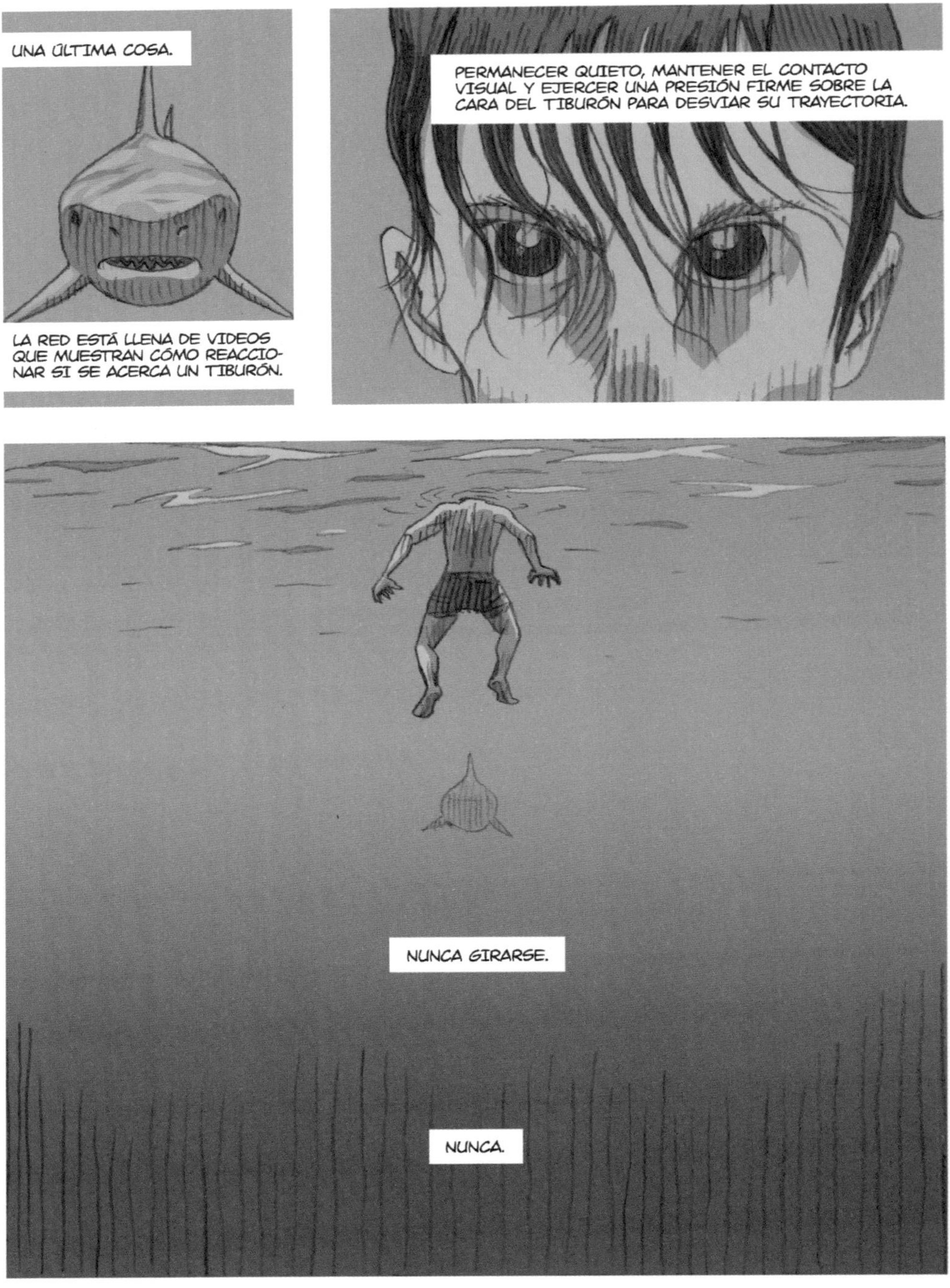
UNA ÚLTIMA COSA.
LA RED ESTÁ LLENA DE VIDEOS QUE MUESTRAN CÓMO REACCIONAR SI SE ACERCA UN TIBURÓN.
PERMANECER QUIETO, MANTENER EL CONTACTO VISUAL Y EJERCER UNA PRESIÓN FIRME SOBRE LA CARA DEL TIBURÓN PARA DESVIAR SU TRAYECTORIA.
NUNCA GIRARSE.
NUNCA.

A mi madre, quien me enseñó a amar la montaña.
A Sarah, mi luz, mi antena, mi bastón,
a mis hijos, por los cameos concedidos gratuitamente.
A Giovanni y Oscar, por no haber sido indulgentes,
a Leonardo y toda la tripulación de Coconino por el apoyo.

LA CAJA

*COURMAYEUR, **1978***

*LA MER DE GLACE, **1979***

*CHAMONIX, **1979***

*LAGO DEL MIAGE, **1978***

*LA MER DE GLACE, **1979***

EL MONT BLANC DESDE LA AIGUILLES DU MIDI, ***1982***

LAGO D'ARPY, ***2024***

BIBLIOGRAFÍA

- D'ERAMO, M., *Dominio. La guerra invisible de los poderosos contra los súbditos*, Barcelona, Anagrama, 2022.
- FISHER, M., *Realismo capitalista*, Buenos Aires, Caja Negra, 2016.
- GEORGESCU-ROEGEN, N., *Ensayos bioeconómicos*, Madrid, Libros de la Catarata, 2021.
- JHA, A., *Il libro dell'acqua. La storia straordinaria della più ordinaria delle sostanze*, Turín, Bollati Bronighieri, 2016.
- LOWENHAUPT TSING, A., *Los hongos del fin del mundo. Sobre la posibilidad de vida en las ruinas capitalistas*, Buenos Aires, Caja Negra, 2023.
- MACKINNON, J. B., *The once and future world: nature as it was, as it is, as it could be,* Toronto, Random House Canada, 2013.
- MALM, A., *Clima, corona, capitalismo,* Milán, Ponte alle Grazie, 2021.
- MALM, A., *Fossil capital: the rise of steam power and the roots of global warming*, Londres, Verso, 2016.
- MEADOWS, D. H., MEADOWS, D.L., RANDRES, J., BEHRENS III, W. W., *Los límites del crecimiento: informe al Club de Roma sobre el predicamento de la Humanidad,* Ciudad de México, Fondo de Cultura Económica, 1972.
- SALGADO, S. y WANICK SALGADO, L., *Amazonia,* Colonia, Taschen, 2021.
- SALVAGE COLLECTIVE, *The Tragedy of the Worker: Towards the Proletarocene,* Londres, Verso, 2021.
- THUNBERG, G. (ed.), *El libro del clima*, Barcelona, Lumen, 2022.

ARTÍCULOS

- ALBEROLA, A., «1783: l'eruzione vulcanica che modificò il clima», *Storica National Geographic*, 8 de junio de 2021 [www.storicang.it].
- CARRINGTON, D., «Flying insect number have plunged by 60% since 2004, GB survey finds», *The Guardian*, 5 de mayo de 2022 [www.theguardian.com].
- CEBALLOS, G. y EHRLICH, P., «Mutilation of the tree of life via mass extinction of animal genera», *PNAS,* vol. 120 n.° 39, 18 de septiembre de 2023 [www.pnas.org].
- FRANZEN, J., «What if we stopped pretending?», *The New Yorker*, 8 de septiembre de 2019 [www.newyorker.com].

- JARVIS, B., «Un mondo senza insetti», *Internazionale*, 4 de febrero de 2022 [www.internazionale.it].
- MARIANI, L., «l'Altalena del Clima nell'Era Glaciale.Eventi, Meccanismi e Conseguenze Storiche», *Climatemonitor*, 21 de febrero de 2017 [www.climatemonitor.it].
- MILMAN, O., «Revealed: Exxon made "breathtakingly" accurate climate predictions in 1970s and 80s», *The Guardian*, 12 de enero de 2023 [www.theguardian.com].
- MONBIOT, G., «Capitalism is killing the planet. It's time to stop buying into our own destruction», *The Guardian*, 30 de octubre de 2021 [www.theguardian.com].
- MONBIOT, G., «"Green growth" doesn't exist. Less of everything is the only way to avert catastrophe», *The Guardian*, 29 de septiembre de 2021 [www.theguardian.com].
- «Disuguaglianza: il potere al servizio di pochi», *OXFAM Italia*, 15 de enero de 2024 [www.oxfamitalia.com].
- «Clima: L'1% più ricco del pianeta inquina quanto due terzi dell'umanità»,*OXFAM Italia*, 20 de noviembre de 2023 [www.oxfamitalia.com].
- «Cop 26 sul clima: la disuguaglianza carbonica soffoccherà il pianeta», *OXFAM Italia*, 5 de noviembre de 2021 [www.oxfamitalia.com].
- «Carbon inequality in 2030. Per capita consumption emissions and the 1,5 °C goal», *OXFAM*, 5 de noviembre de 2021 [www.oxfam.org].
- PAPE MOLLER, A., «Parallel declines in abundance of insects and insectivorous birds in Denmark over 22 years», *Ecology and Evolution*, vol. 9 n.° 11, 15 de mayo de 2019 [onlinelibrary.wiley.com].
- PRECIADO, P. B., «Le ragioni per essere ottimist3», *Internazionale*, 7 de diciembre de 2022 [www.internazionale.it]
- RAHMSTORF, S., «La circolazione atlantica sta raggiungendo un punto di non ritorno?», *Climalteranti*, 17 de mayo de 2024 [www.climalteranti.it].
- SIMON, M., «Il grupo di scienziati che ha previsto la fine della civiltà entro il 2072», *Wired*, 9 de julio de 2022 [www.wired.it].
- SREEVATSAN, A., «British Raj siphoned out $45 trillion from India: Utsa Patnaik», *Livemint,* 21 de noviembre de 2018 [www.livemint.com].
- STARR, J., NICOLSON, C., ASH, M., MARKOVITZ, E., MORAN, D., «Assessing U.S. consumer's carbon footprints reveals outsized impact of the top 1%», *Ecological Economics,* vol. 205, marzo de 2023 [www.sciencedirect.com].